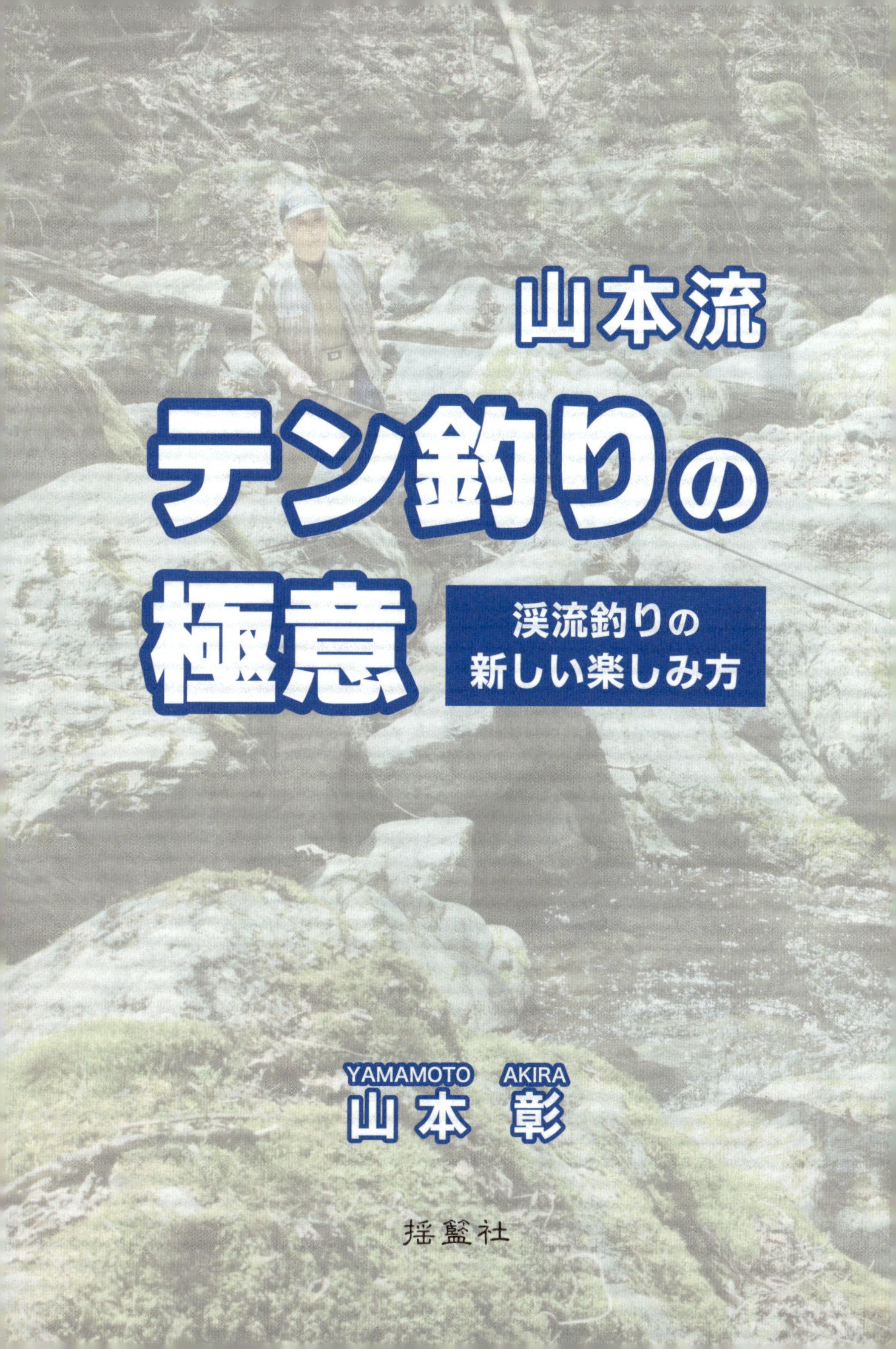

山本流

# テン釣りの極意

渓流釣りの
新しい楽しみ方

YAMAMOTO AKIRA
山本 彰

揺籃社

# はじめに

「テンカラ」という言葉は、天保9年（1838年）に秋田県角館藩士の釣行記にすでに登場している。テンカラ釣りは、河川の中でも上流域の渓流を主な釣り場とし、日本で古来からの川漁師が用いていた伝統的釣法である。

古くより各地で、タイコ釣り、チョーチン釣り、羽流し、走らかしなどと言われてきた。毛バリを流すのではなく、上から降らせる、上から水面をたたく釣り方のため、天からカラバリ、テンガラ、テガラ、などと呼ばれるようになっていった。とりわけ、山梨県の黒森毛バリ釣りは有名である。カラカラに乾燥した、唐松の小枝を竿の材料として使う。軽くて最高だと聞く。テンカラの語源には他に、刀鍛冶が槌を振るリズムと竿を振るそれとが同じだからこう呼ばれるようになったともいわれている。

私の先祖は室町時代から刀鍛冶として北条氏照に仕え、後に徳川家御用の刀鍛冶を務めるようになった。私は13代目に当たる。今は刀鍛冶はしていないが、住まいは氏照が城主だった八王子城の城下町・元八王子にあり、ここで生活を続けている。山を背にした自然あふれる環境に育ったためか、テンカラ釣りはもちろん、鳥撃ちや、猪や鹿の猟にも、駆除をかねて出かけている。毛バリの命でもある雄キジの剣バネは自分で調達している。

15世紀頃、英国で生まれたフライフィッシングはリールを使う。英国の長閑な平野を流れる幅の広い川は流れが緩やかなので、遠くを狙うにもリールがあった方がよい。その場に生息する水性昆虫に似せた疑似バリは、緩やかな流れに乗って魚を誘い出す。魚や川の特性を考慮し、見破られないように多種多様なフライの選択が重要になってくる。

一方、瀬が多く、川幅の狭い日本では、リールのないテンカラ釣りが適している。手返しの早くできる良さがあり、毛バリの精巧さにはあまり拘《こだわ》る必要がない。ここではむしろ、日本古来の忍法のごとく、相手（渓魚）の心理と環境を読むことが重要である。

忍法とは、相手のいる場所を確実に突き止め、音もなく、常に風を読み、己の影も悟られずに近づき、必ず仕留めるのが掟である。掟を守れない者は、この書を紐解いてはいけない。

忍者は他の流派の戦術を良く研究し、良い所は取り入れ、悪い所は改良し、己の忍術に活かしていく。本書で紹介する、テンカラ釣りの進化系、「山本流テン釣り」は、フライフィッシングやテンカラ釣りに含まれるレジャースポーツの要素を抜きにして、日本古来の武士道精神に基づいて考案されている。日本の素晴らしい渓流と共存しながら心静かに渓魚と対話し、楽しませていただく……。そんなテン釣りの極意を伝えるべく、この書をしたためた次第である。

平成28年10月吉日

山本　彰

# 目次

## 第二章　道具を用意する

# 第五章　釣り場案内

# 第一章

# テンカラ釣りを知る

奥道志にてテンカラ竿を振る

## テンカラ釣りとテン釣り

### (1) テンカラ釣り

3メートル前後のテンカラ竿に、竿と同等の長さの糸(テンカラライン)を付け、その先にハリス(ラインの先に付けるナイロン糸)1号~1・5号を1~1・5メートルぐらい付けて、糸の重さで毛バリを飛ばす。源流部では、木の枝やその他のいろいろな障害物をよけねばならず、スナップを利かせて振り込んだり、弓にしてポイントへ飛ばしたりする。だいたい6メートル前後先に飛ばして、その毛バリを目で追う。波や光の関係で見にくいが、偏光グラスで見るようにする。

典型的なテンカラスタイル

ポイントにハリが飛ばない時でも、速い時はハリが水面に落ちたと同時に食うことがある。また、吹き上げる風の強い時は、水面の上10センチぐらいのところでハリが止まることもある。このように風に乗ったハリは自然だから、渓魚が飛び出して食ってくれる。

またテンカラ釣りは、竿の腰の強さ（弾力性）と重さ、糸の重さと硬さがマッチし、その上でハリから先にポイントへと落とす釣法が肝要となる。この技の習得には時間がかかり、熟練の技がものをいう釣り方といえる。

糸は、昔は馬のたてがみなどをより合わせてテーパーにして、太さを変えて使っていたが、現在はナイロン糸をテーパーにして使うこともある。海釣りの糸や、10メートルごとに色の違う糸の、6号前後の太い糸を使っ

岩の陰から狙うテン釣り

ている人も多い。竿に慣れない最初のうちは、1・5号の糸でもたびたび合わせ切れに陥る。慣れると1号のナイロン糸で十分である。

## （2）テン釣り

6メートルの竿にハリスのナイロン糸0・6号を1・5メートル前後付けて、その先に毛バリを1本付ける。そしてポイントまで竿を伸ばして釣る。簡素な釣法であるが、その反面、魚にケドラれやすい（気づかれやすい）。詳しくは後に書くが、テンカラ釣りもテン釣りも、魚にケドラれたら釣れない。

テンカラ釣りの場合、竿が柔らかく仕掛けが長いため、どうしても一定時間、かかった魚を泳がせてしまう。そのため、周りにいた他の魚が深い川底に避難する

木の後ろから竿を出す。テン釣りの醍醐味

結果となる。一方でテン釣りの場合は、竿が硬く、ハリスが短いため、その場で引き抜き、ポイントを荒らさず、数釣りが可能となる。また、これも後に紹介するが、忍法（人の気配を感じさせないこと）が一番の釣果につながる。

この釣法は、渓流の毛バリ釣りではポイントを一番多く探れる。獲物に気づかれないように、それとなく毛バリを投入できる釣法なのだ。一つの場所に立ったまま、7メートルの範囲内はどこでも探れるため、場所と条件にもよるが、一点に立ちながら複数の魚が釣れたりもする。

さらに、水面につけるハリスの長さが短いので、川の流れにハリスが左右されることは少ない。そのため、毛バリが自然に流れに乗り、魚が餌と勘違いしやすい。テ

崖上からそっと魚を狙う

ン釣りは、毛バリを最も自然に演出できる釣法といえるだろう。

ハリ先がハックルに隠れているテンカラバリ

# テンカラバリとテンバリ

## (1) テンカラバリ

テンカラ釣りは長い糸で振り込む釣法なので、周りの草や木の枝にかかることが多い。そのために、ハリ先をハックル(ハリに巻いた鳥の毛)の中に隠すとよい。そうすれば、ハリが枝などに絡んでも、糸を持って軽く引き寄せるだけで、手でほどくより簡単に外れる。また、川の中に流れ着いた枯れ枝などに掛かっても、同じように軽く引き寄せれば大丈夫。魚が食った時に強く合わせると(ハリがかりするように強く引くと)、ハックルからハリ先が出てきっちりとハリがかりできる。

ハリ先がハックルより前に出ているテンバリ

（２）テンバリ

写真の通り、ハリ先をハックルより前に出す。ポイントまで竿を出して釣る釣法なので、ハリスは短く（一・五メートル）、ハリが周りの枝などにかかることは少ない。ハリ先を出すことで、魚がハリがかりする確率も高い。毛バリを巻く時は、ハリを少々短く切っておくとハリ先が出る。

2時間の釣果。こんな楽しい釣りもある。「大釣り」

## 釣り用語

### （1）魚関係

追《お》い込《こ》む……魚が人の気配を感じて避難すること

大《おお》釣《づ》り……魚がたくさん釣れること

形《かたち》がいい……魚が大きい

形《かたち》が悪《わる》い……魚が小さい

ケドル……魚などの動物が気配を感じること

魚《さかな》が薄《うす》い……魚が少ない

魚《さかな》が濃《こ》い……魚が多い

魚《さかな》が出《で》る……魚が反応すること

探《さぐ》る……魚に気づかれないように、それとなくポ

崖上から滝に毛バリ投入。「探る」

イントへ毛バリを投入すること

反《はん》転《てん》……魚が出てきた方向に戻ること、逆戻りともいう

孵《ふ》化《か》……卵がかえること

（2）道具関係

合《あ》わせ切《ぎ》れ……魚がハリをくわえた時、しっかりハリ掛かりさせるために強く引き過ぎて、ハリスが切れること

ハリが躍《おど》る……ハリがぴんぴんはねること

半《はん》スレ……ハリの返しが小さいこと

細《ほそ》身《み》のハリ……ハリの太さが細いこと

沢の上流にある滝。「魚止め」

（3）釣り場関係

カガミ……流れが少なく水中がよく見えるところ

かぶる……自分の立った位置から魚のいるところの先に毛バリを出すこと。魚の上に糸が出るので糸がかぶるという

から合《あ》わせ……魚が毛バリをくわえていなくても、くわえた時と同じようにハリ掛かりの動作をすること

食《く》い波《なみ》……川底より水面に吹き上げながら流れる波のことで、川の流れは普通より遅くなる

魚止《さかなど》め……滝や堰堤《えんてい》があり、魚が上流に上がりにくいところ

沢《さわ》……源流に近い山間の渓谷のこと

瀬《せ》頭《がしら》……一つの流れの上流部分

滝の横を登る釣り師たち。「高巻き」

瀬《せ》尻《じり》……一つの流れの下流部分

杣《そま》道《みち》……山仕事などに使われる、杣人《そまびと》（山で仕事をする人）の歩く道

高《たか》巻《ま》き……水際を通れない滝や、堰堤にぶつかった時、岩場などを登って上流に移動すること

釣《つ》り上《あ》がる……下流から上流へと釣りながら川を上ること

釣《つ》り下《くだ》る……上流から下流へと釣りながら川を下ること

忍《にん》法《ぽう》……忍法木の葉隠れのように、魚に気づかれないようにポイントへ近づくこと

淵《ふち》……水が流れないで深いところ

プール……淵の中でも大きいサイズの淵のこと

岩にへばりついて移動。「ヘズル」

ヘズル……岩場や崖で、岩の切れ目などに手や足を掛けて移動すること

ポイント……魚がよく釣れるところ

巻《ま》き込《こ》み……淵などの流れ込みの横で、下流から上流に水が回って流れること

メッカ……ある分野の中心地。釣りでいえば「渓流釣りのメッカ」など

ヤブコギ……ヤブの中を通って先に進むこと

# 第二章

# 道具を用意する

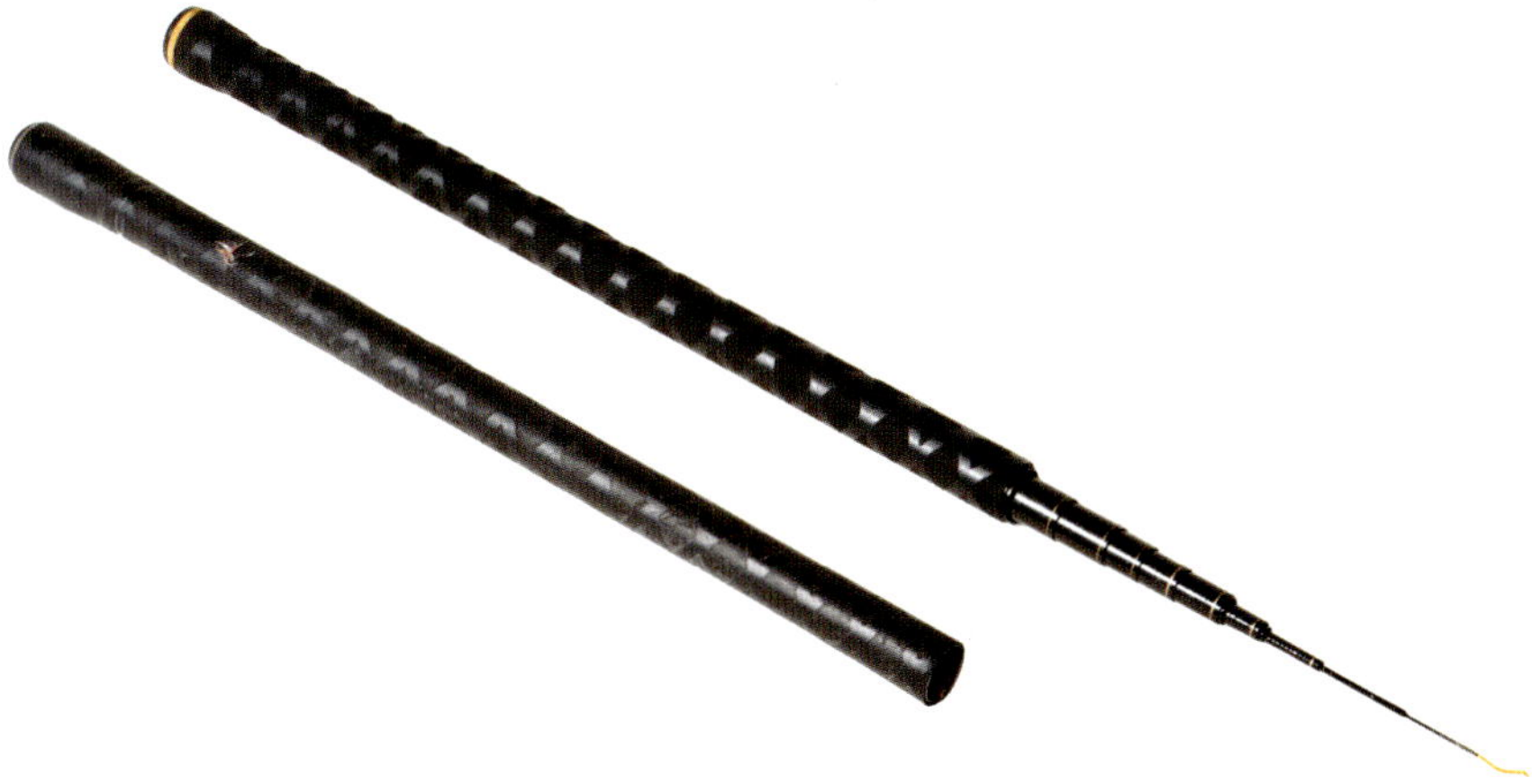

## 三種の神器

テン釣りで必要な道具は、極端にいえば、竿と糸と毛バリのみである。これだけ押さえておけば、基本的にはさして苦労せずに釣りを楽しめる。

### (1) 竿

・竿は6メートル前後で硬いものが好ましい
・竿をしまった長さは50センチ前後（リュックサックに全体が入るように）
・竿先を詰めてハリが躍らないようにする
・長さ2センチほどのリリアンを竿先に付け、先にこぶを作っておく（20頁参照）

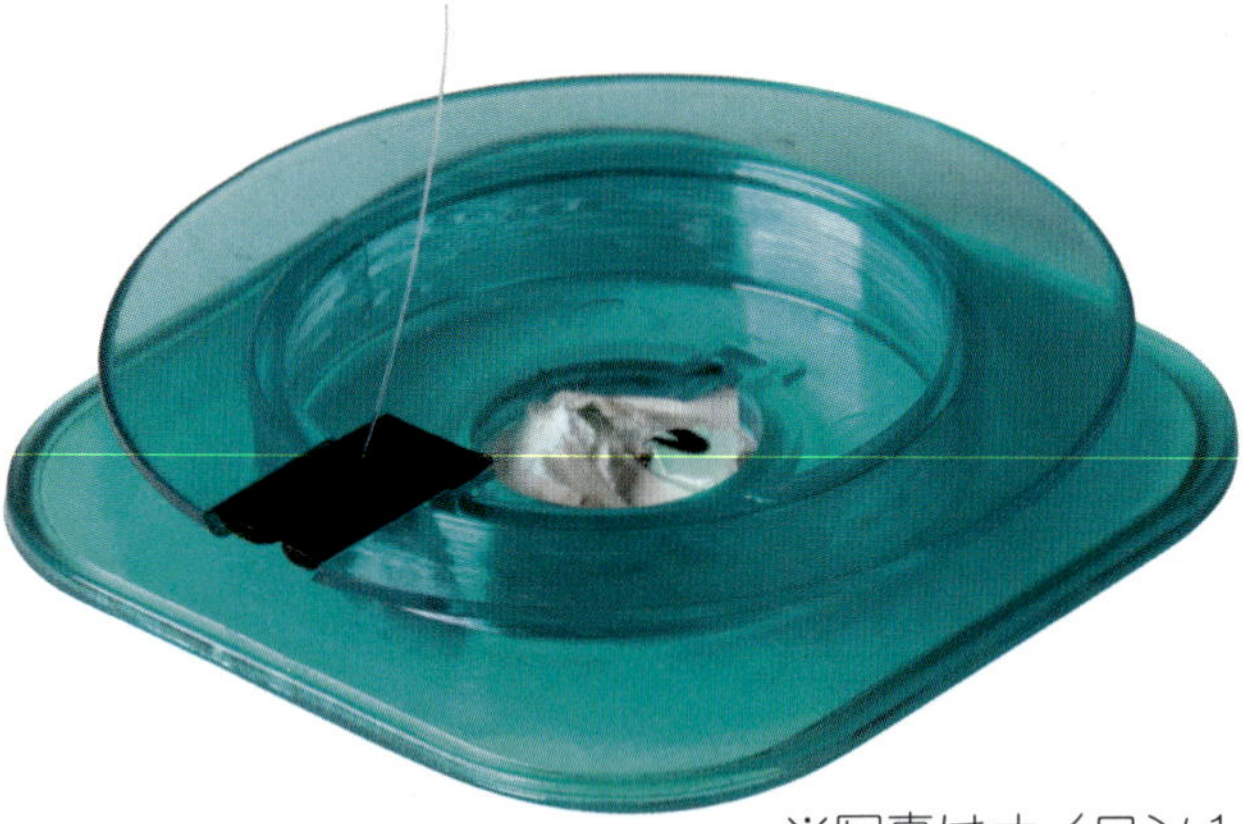

※写真はナイロン１号

・元竿にゴム製のカバーを付けて移動の時に糸を巻き、ハリが刺さるようにしておく（熱を加えると収縮するものが望ましい。20頁参照）

・渓流釣りはトラブルの多い釣りなので丈夫な竿がほしい

（2）糸

・糸はナイロン0・6号前後

・ハリが自由に流れるような柔らかい糸（細くて強い糸）

（3）ハリ

・ハリは細身で軽いものがいい

・袖バリの3号で、半スレバリが好ましい

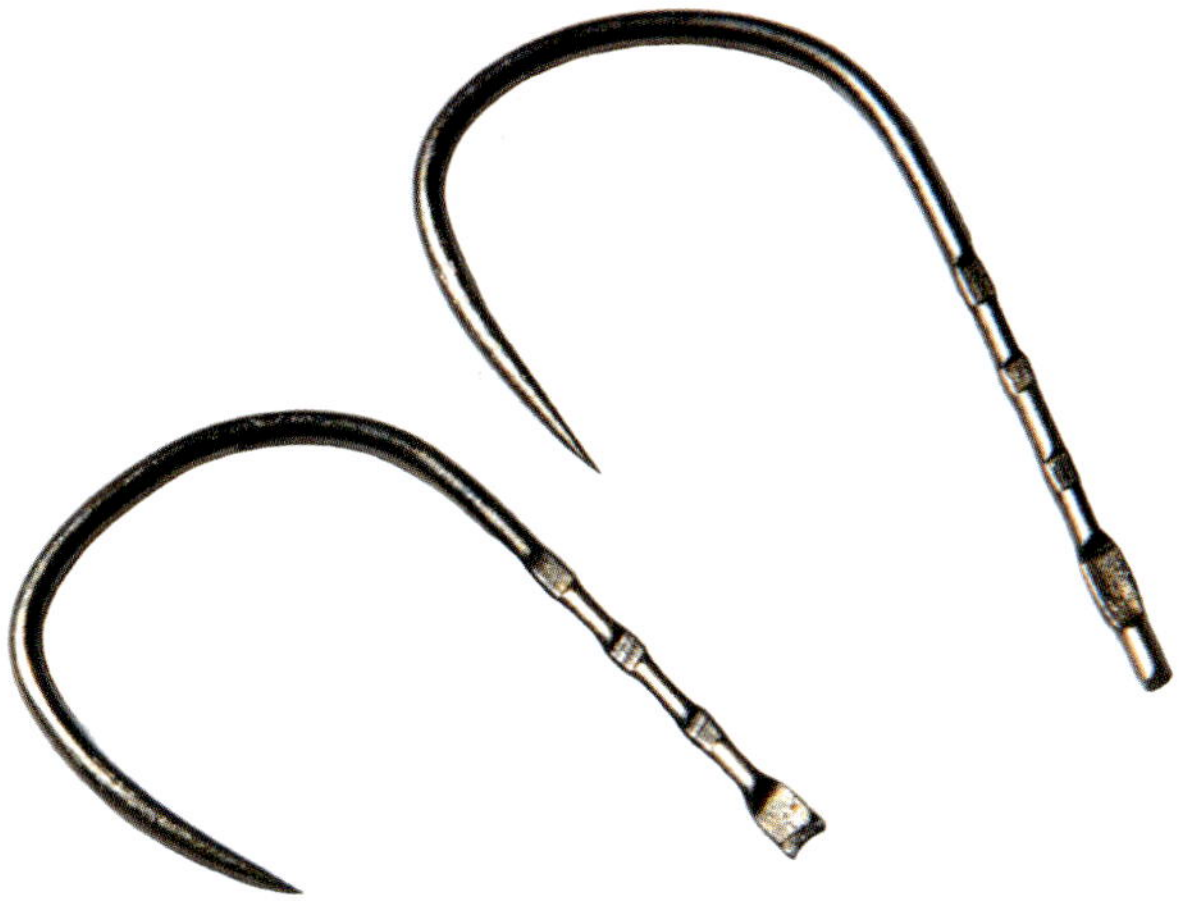

・腰の強い物を選びたい
・ものによっては返しから折れるハリが多いので注意したい（ためしにラジペンで返しから折ってみると分かる）

以下、竿とハリについて詳述する。

ゴム製のカバーを竿につける

## 竿の準備

先に挙げたように、6メートル前後の硬めの竿を選ぶ。振り出しタイプの渓流竿が望ましい。元竿にゴム製のカバーをつける。釣具屋ならば大体どこにでも置いてある。ヤブコギや高巻き、ヘズル際に竿を畳んで魚籠やリュックにしまうが、ハリをこのゴム製のカバーに差しておくと便利。竿に傷がつかず、衝撃にも強くなる。また、竿を出して握った時に滑らないので使いやすい。

竿先は、ハリが躍らないようにするため10〜15センチほど詰める。そして、竿先にリリアンを付ける。この時、リリアンは弾力性のないものを選びたい。弾力性があると、付けた糸が抜けやすい。竿先を削って尖らせて

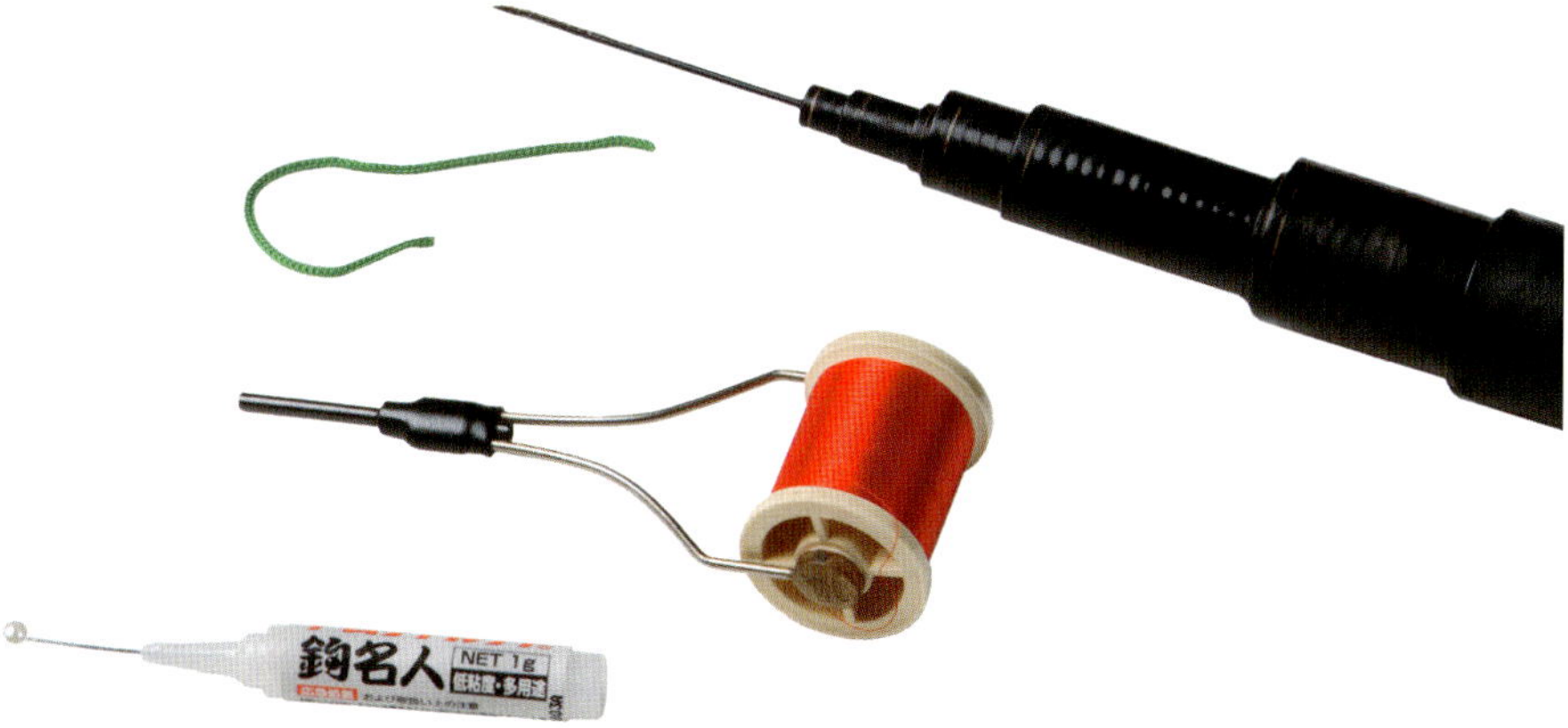


竿先にリリアンを付けるための道具

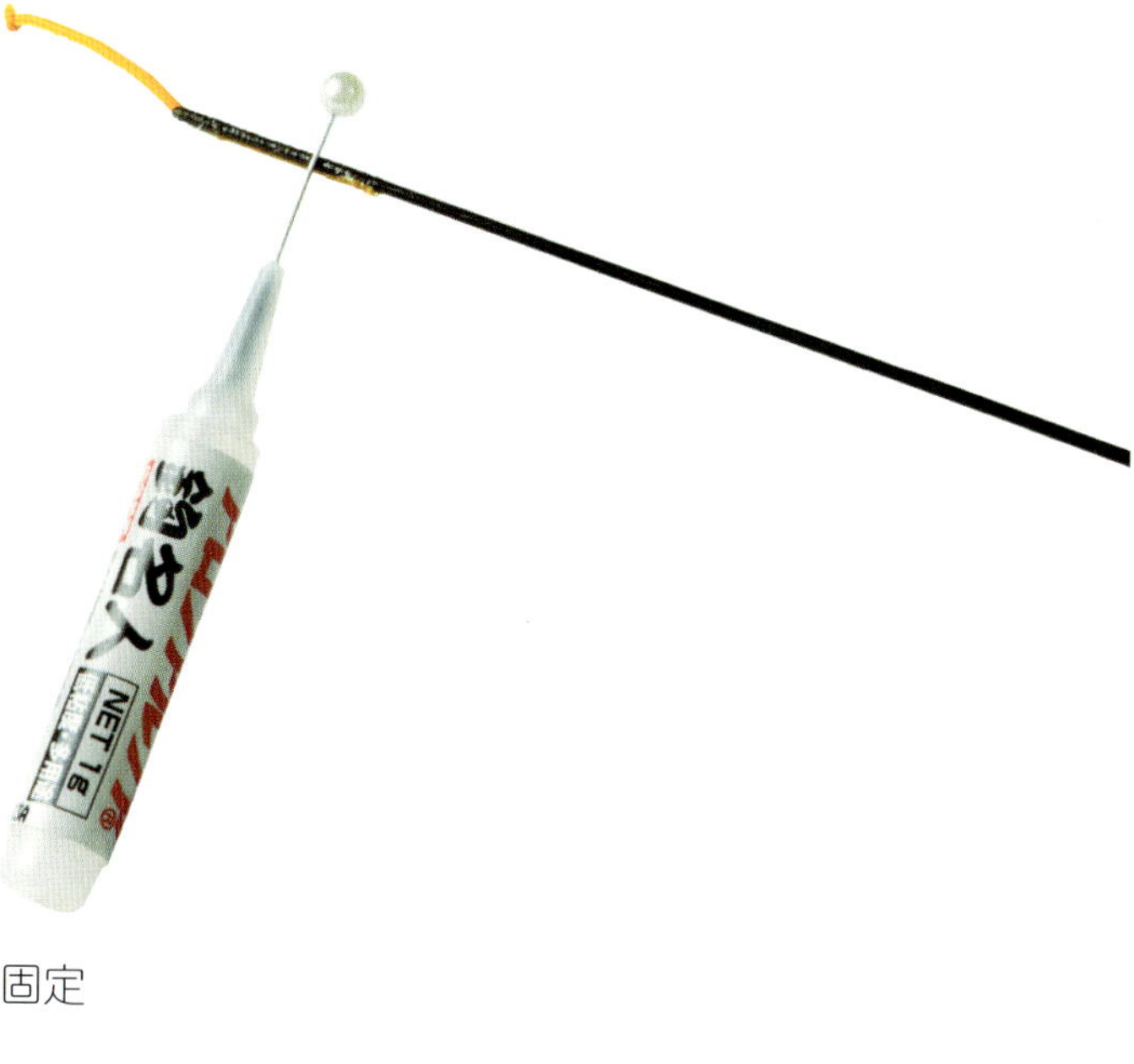


接着剤で固定

テンカラ竿とテン竿の比較

からリリアンを通し、糸でぐるぐる巻いて止める。あるいは、竿の横に糸で巻き止めてもよい。その後、接着剤で固定するが、竿先までしっかりと止める。仕上げにヘッドセメントやマニキュアを塗る。

マニキュア　ヘッドセメント

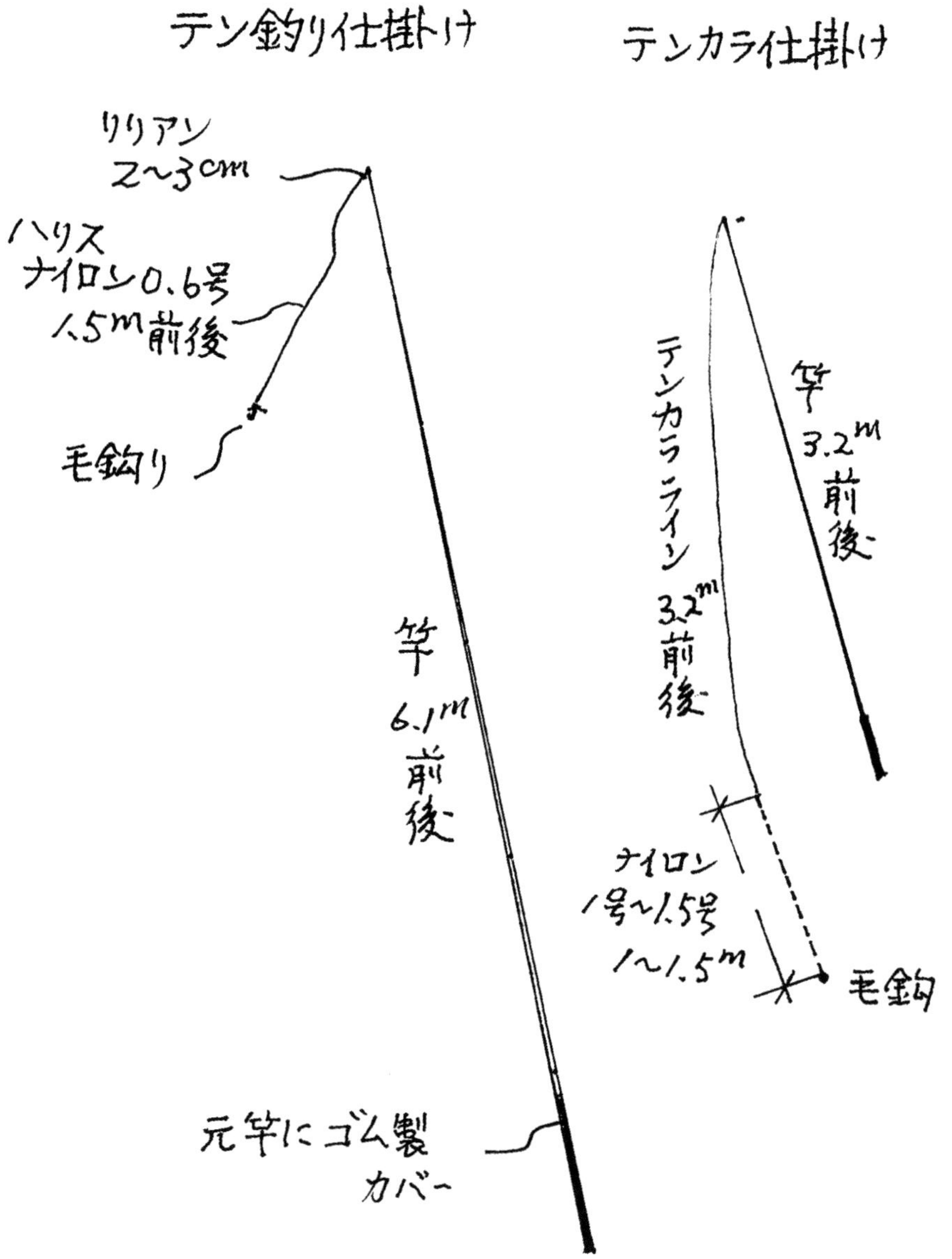


テンカラ釣りとテン釣りの仕掛けの違い

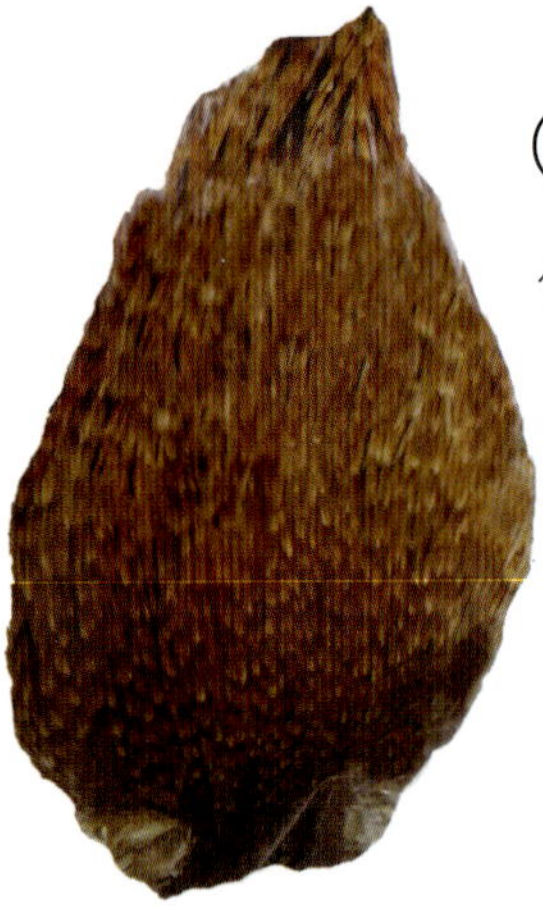

③

代用品ならミノ毛

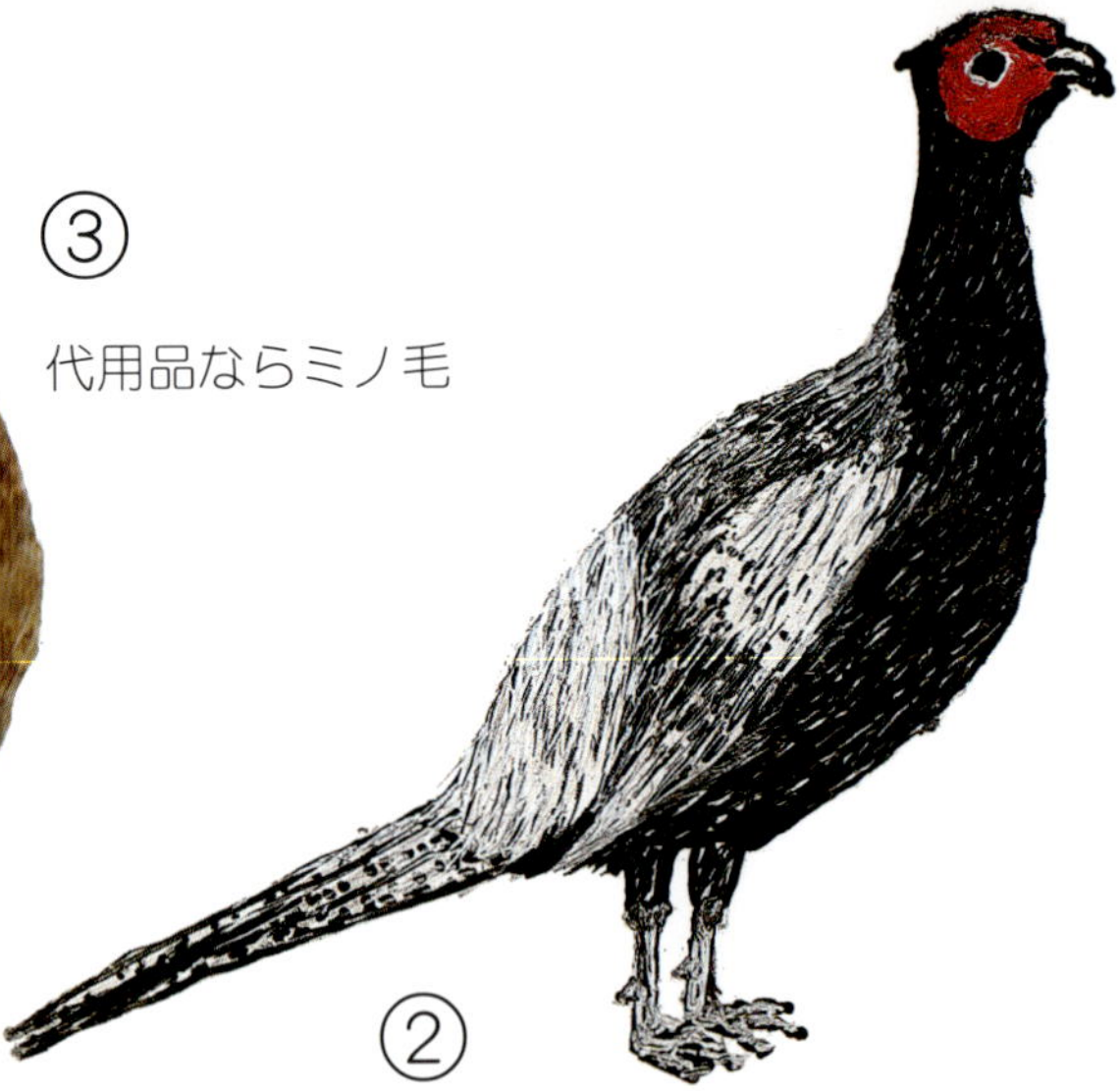

②

雄キジの剣バネがベスト

## ハリ（仕掛け）の作り方

毛バリは竿や糸と違い、自分で加工できる面白さがある。魚がどうやったら食いやすいかを考えながら自分なりに工夫して作ると楽しい。

### （1）剣バネ

毛バリは鳥のハネを主として作る。使用するのは剣バネと呼ばれるハネで、どんな鳥にも剣バネはある。雄キジの剣バネは、ハネの大きさ（毛足の長さ）が毛バリの大きさにマッチしていて使いやすい。

どんな鳥のハネでもよいというわけではない。水鳥は浮きがよさそうに思われるが、実はまるで駄目。テン釣

④
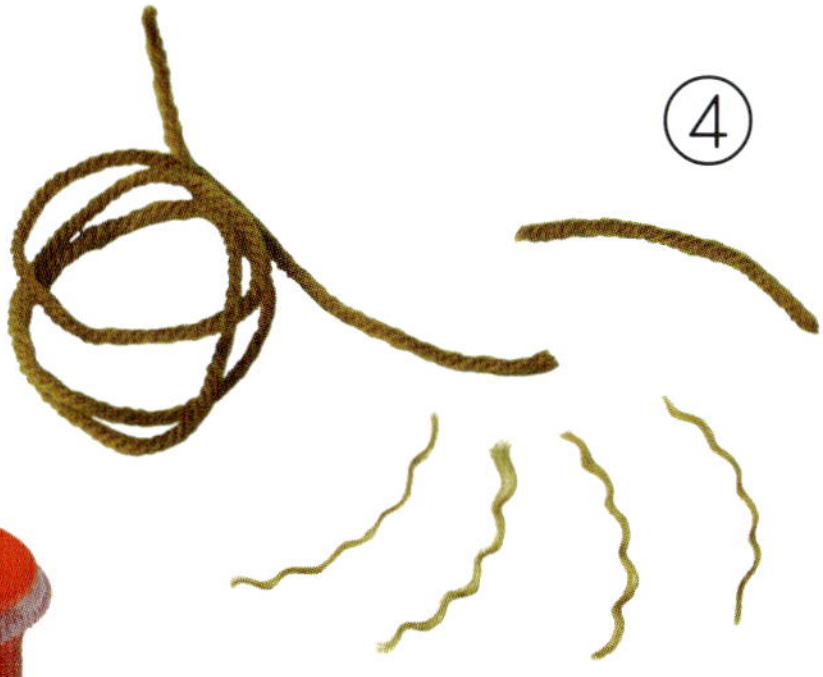
白い毛糸を玉ねぎの皮で染めたもの

⑦

瞬間接着剤

⑥

糸フライ巻き用の細いもの（赤12番スレッド）

りではハリを水面に浮かして釣るので、特に浮力が求められる。１匹釣ると魚の唾液《だえき》で浮力が激減し、元に戻るのに時間がかかって釣果も減る。その点、雄キジの剣バネは数を釣っても原形をとどめているので使用しやすい。おすすめである。

ただし昨今、雄キジの剣バネは入手が難しくなってきている。代用品としては、フライフィッシング用の鳥のミノ毛がよいだろう。

## （2）ハリ作りの材料

①前述の通り、ハリは袖バリ3号前後、半スレ細身で切れが良く、返しから折れづらいもの
②雄キジの剣バネ（水切りバネともいう。34頁参照）
③ミノ毛（鳥の首回りの毛。②がないとき）

⑬ ピンセット

⑭ はさみ

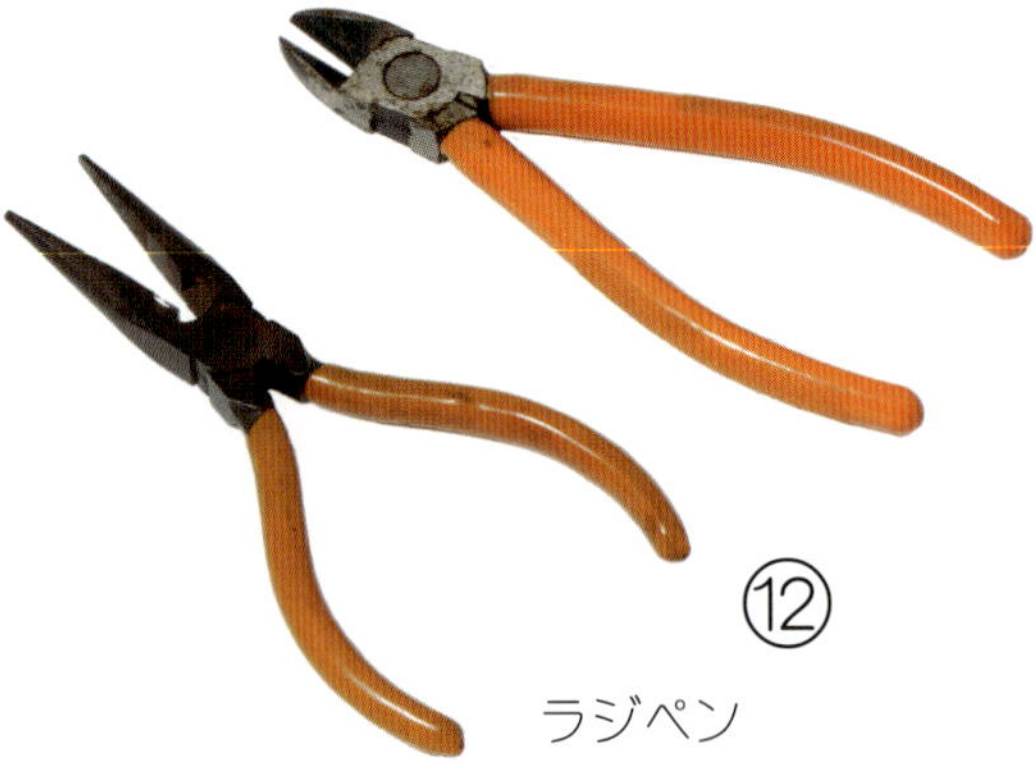

⑪ ニッパー

⑫ ラジペン

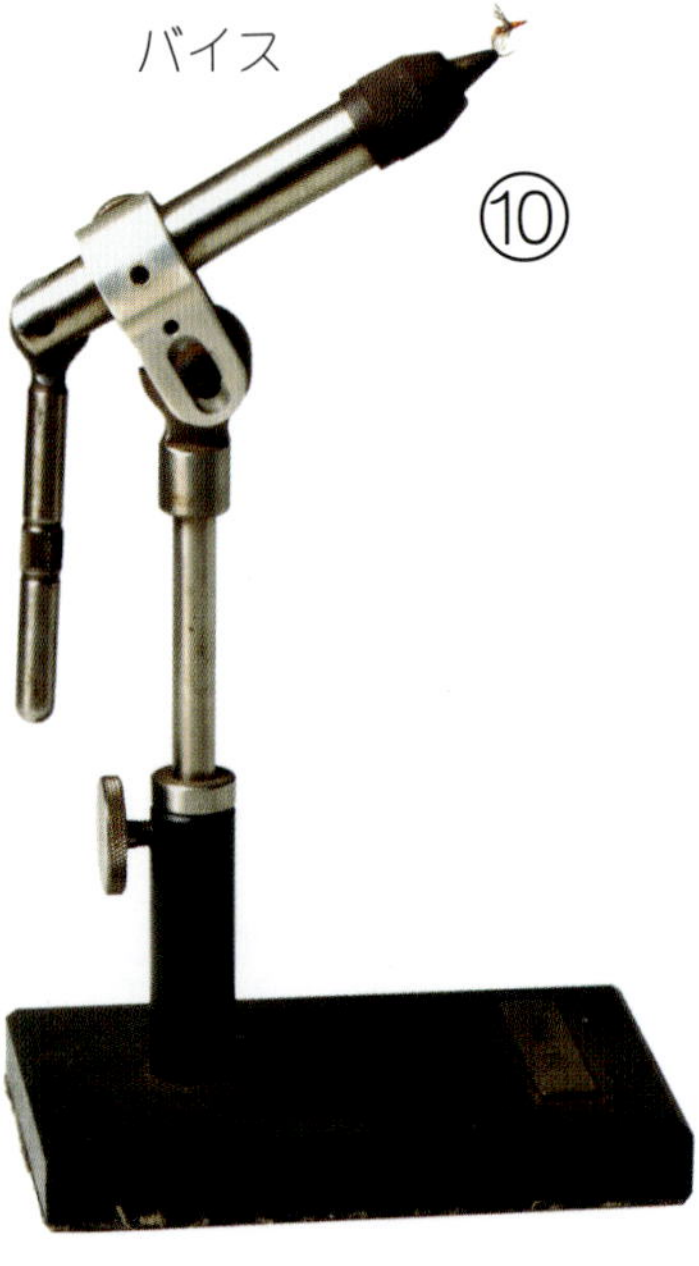

バイス ⑩

④白い毛糸を玉葱の皮で染め、４本にほぐしたもの
（茶色で光が出る）
⑤ヘッド（糸づけ）用のナイロン糸1号（18頁参照）
⑥糸フライ巻き用の細いもの（赤12番スレッド）
⑦瞬間接着剤
⑧ヘッドセメント（ハリ巻き用のもの。22頁参照）
⑨マニキュア（22頁参照）
※瞬間接着剤はハックルや胴に浸みないように使う

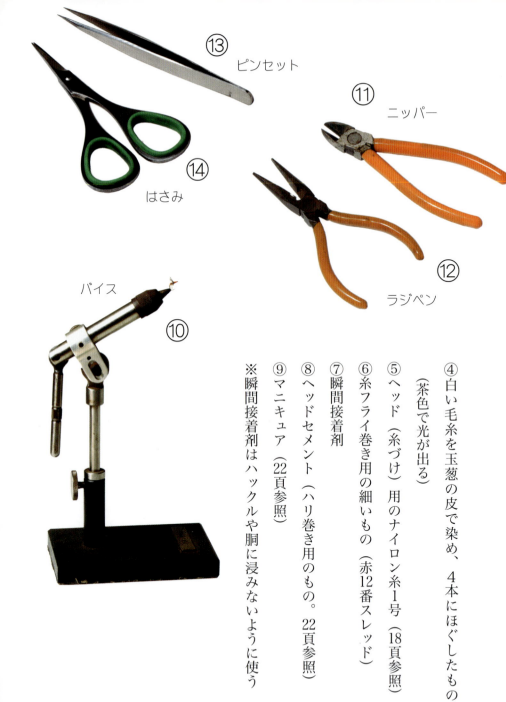

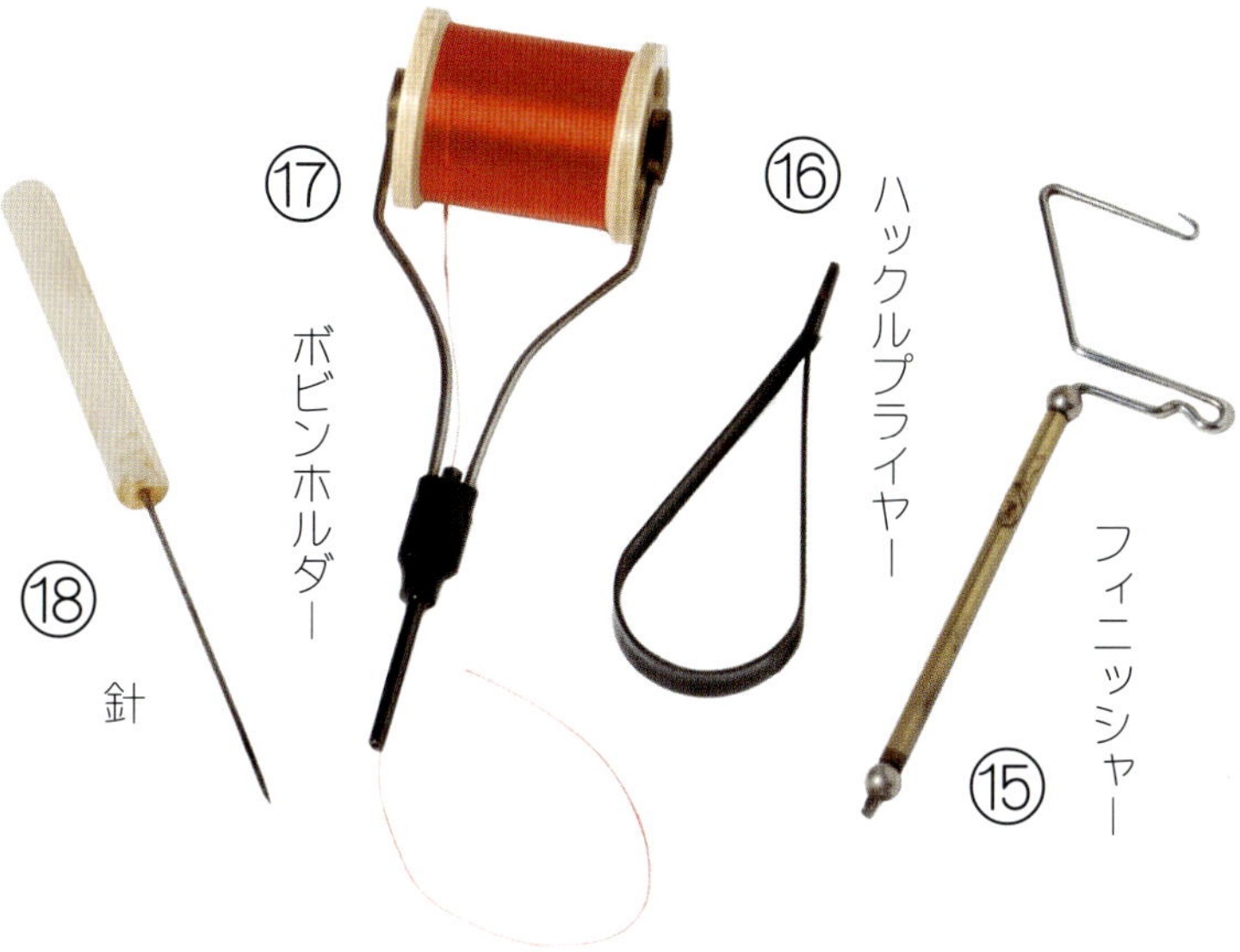


（3）ハリ作りの道具

⑩バイス（ハリを固定しておく道具）
⑪ニッパー（ハリを切る道具。鋼製の部品を切っても大丈夫なもの）
⑫ラジペン
⑬ピンセット（腰の強いもの。剣バネを裂いたり、小物を取ったりする）
⑭はさみ（先の細いもの）
⑮フィニッシャー（巻き終わりに糸を結ぶもの）
⑯ハックルプライヤー（胴の毛糸。ハックルを巻く時に使う）
⑰ボビンホルダー（糸を巻きつけておくもの）
⑱針（接着剤を付けたり多方面に使う）

著者の作業用デスク

## （4）ハリ作りの順序

①バイスにハリをセットする。ハリ先の根元部分を挟むようにする

②セットしたハリを、写真の通りに適当な長さに切る（セットする前に切ってもよい）

③細めの糸で下巻きをする

④下巻きした糸の上にナイロン1号で糸付け（ハリス付け）を付け、瞬間接着剤で完全に固定。その後、接着剤を拭き取る

⑤胴に巻く毛糸は尻側に糸で巻き、糸はヘッド側に巻き上げる

⑥胴に巻く毛糸をハックルプライヤーに挟んで、3～5回程度巻く（長く巻かないで、1か所に巻き上げる）

①バイスにハリをセットする

②セットしたハリを切る

③細めの糸で下巻きをする

④さらにナイロン１号を付け、瞬間接着剤で固定

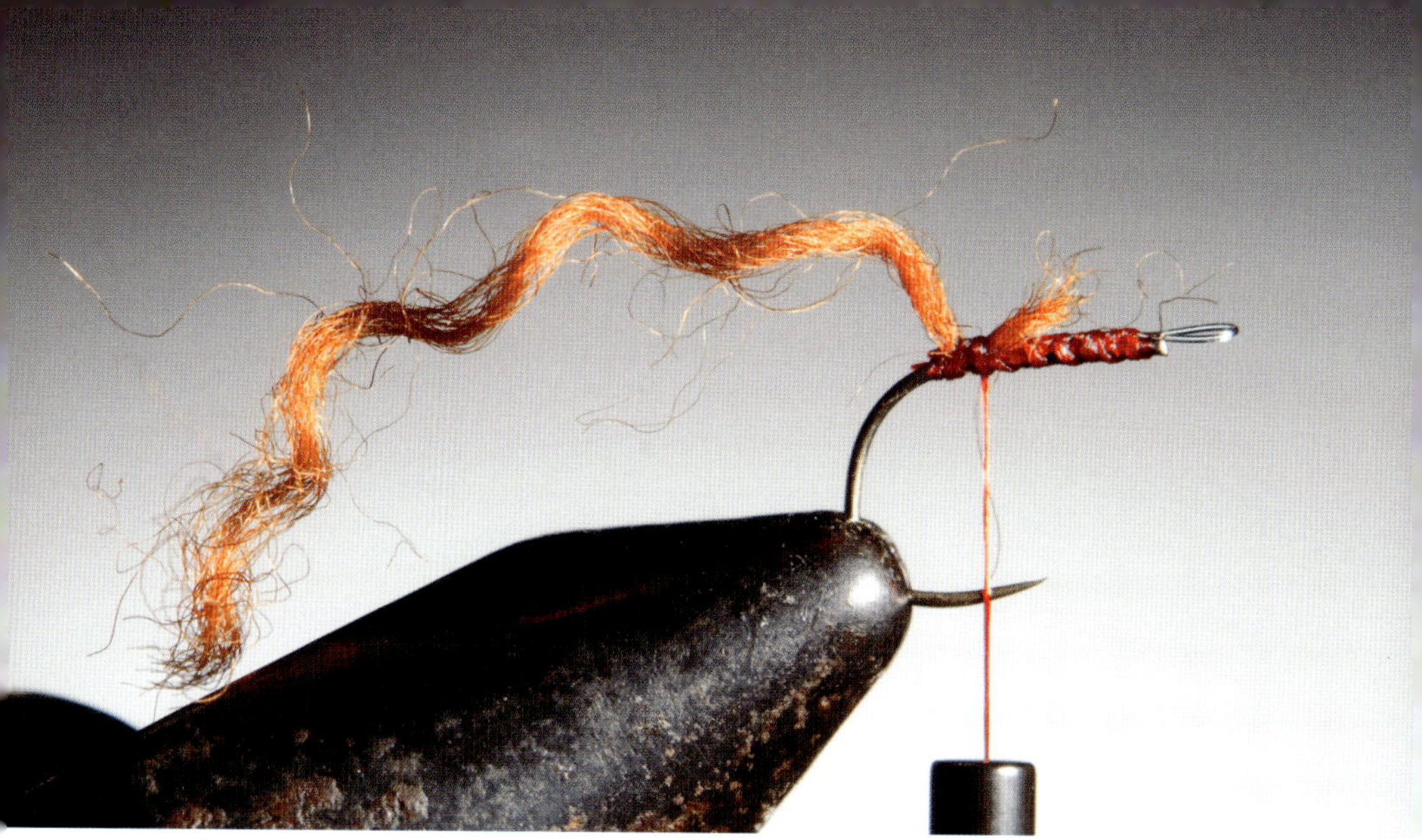

⑤毛糸は尻側に、糸はヘッド側に巻く

⑥毛糸をハックルプライヤーで挟んで３～５回巻く

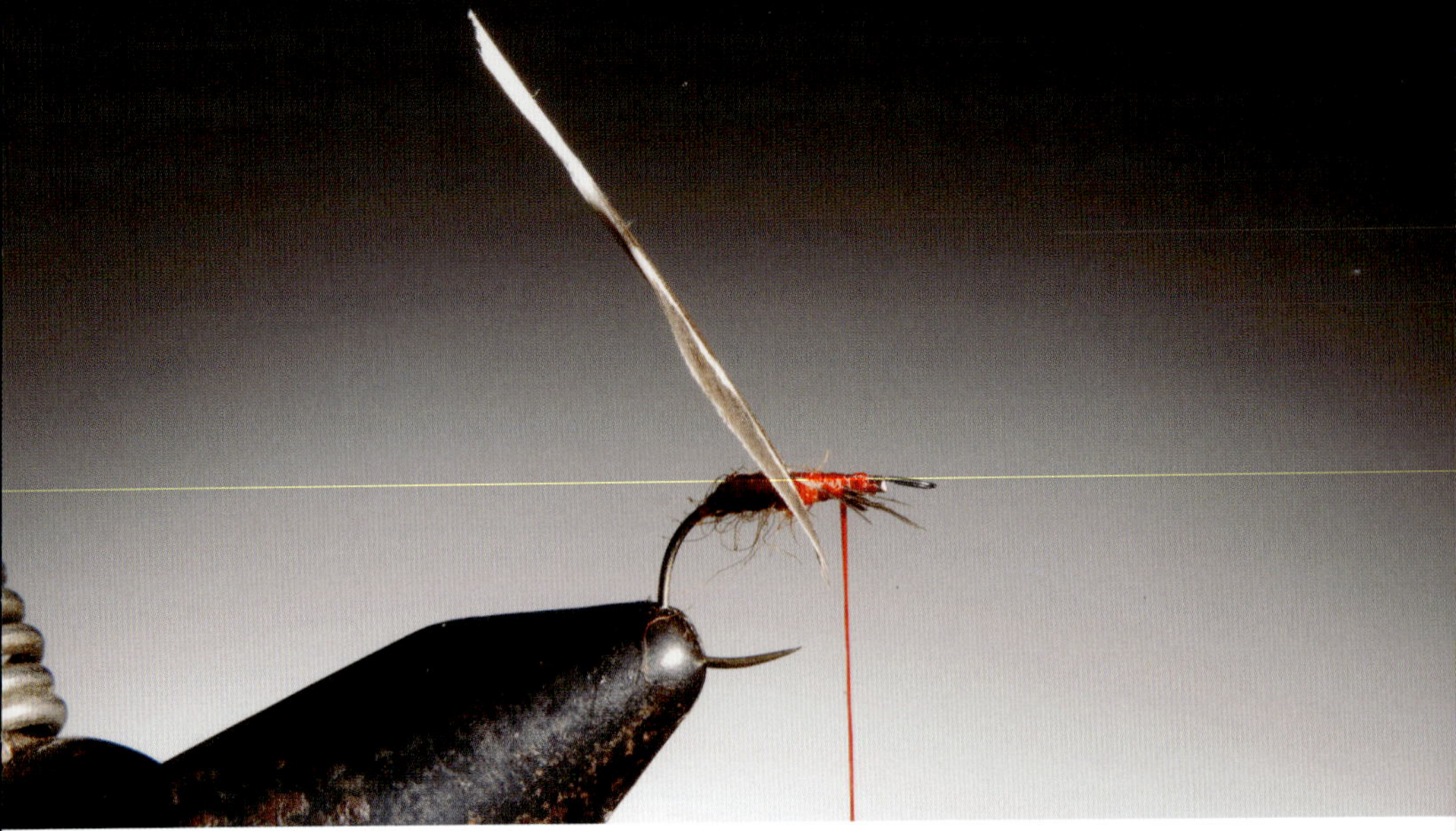

⑦剣バネかミノ毛で巻く

⑦雄キジの剣バネか、フライ用の鳥のミノ毛で巻いていく（剣バネの場合は半分に裂いて使用する。34頁参照）

⑧ハックルを巻き終わったら、糸で巻いて止める。止まったらハックルプライヤーを外し、不要なハネの芯を切り取る

⑨糸でハックルを胴側に押しつけるように巻き押さえる。最後に、細い針の先端にヘッドセメントかマニキュアか瞬間接着剤を付着させて止めるが、必ず糸だけに付ける。ハックルや胴に付いたり浸みたりしないように注意

※瞬間接着剤の使用には十分に注意すること

⑧巻き終わったら糸で巻いて止める。不要なハネの芯を取り除く

⑨胴側に押しつけるように巻く。接着剤などで仕上げ

模様に特徴がある雄キジの剣バネ

## （5）剣バネの裂き方

左図及び次々頁写真のごとく、ハネの先より片方をピンセットで挟む。片方は指でつまんで裂く。下（もと）を下へ引きながら裂くのがポイント。

ハリ巻きに必要なところだけ残す（A）。半分に裂いた下部分の不要な毛（B）は、1本ずつ取っていくと芯が切れない。

半分に裂いたハネは、表は毛が硬く巻きづらいが、裏毛より長持ちする。裏の毛は柔らかく、食いもよい。裏の毛の方が巻きやすいが、表の毛にはかなわない。

※雄キジの剣バネは、いまでは入手が困難になっているが、著者はそれを見越して大量に入手してある。ご入り用の方はご連絡いただければ、相場でお売りいたします（連絡先は巻末を参照）。

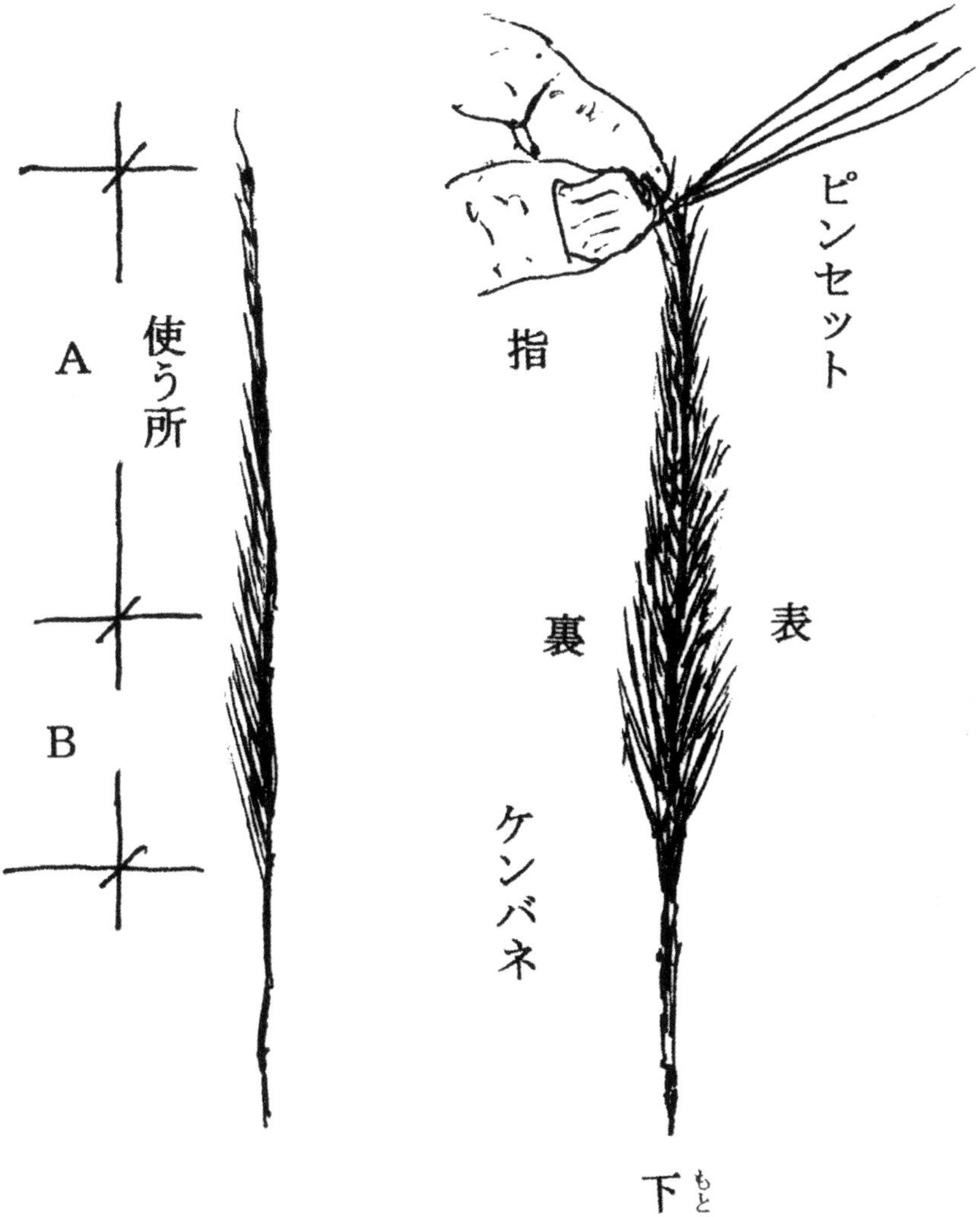


剣バネを裂く方法

剣バネの裂き方の順序

川で毛バリを選ぶ

## ⑹ 毛バリの豆知識

テン釣りのハリには雄キジの剣バネが適していると書いてきたが、フライフィッシングに使う鳥の毛の方が釣れる場合もある。鳥のミノ毛、雌キジの胸毛、またヤマドリの耳にかぶる枝毛など、たくさん考えられる。また、毛バリの巻き方も色々で、ハリを見やすいようにする〝パラシュート〟などの手法があるが、基本的に魚はどんなハリでも食う。その証拠に、草の葉を丸めて投げると一度くわえて放したりする。

手返しが早いのが雄キジの剣バネの特徴だ。何匹釣っても、原形をとどめている。その点、チャボの毛は、一度魚がくわえると唾液で浮力が損なわれる弱点がある。例えばイワナは、水温やヤマメとの混生によって食い方が変わり、大イワナは毛バリを沈めると食う場合が多い。竿にアタリが出てから合わせてもハリ掛かりする。イワナ釣りの毛バリをヤマメが食ったりもする。色々工夫して作ろう。

## (7) 結び方

言葉での説明が難しいので、左図を見て理解してもらいたいが、結ぶ場所は全部で3か所ある(図の結び方は代表的な例)。

A……竿先のリリアンと糸を結ぶ
B……輪っかを作るために結ぶ
C……糸とハリとを結ぶ

強度があれば、自己流の結び方で一向に構わない。

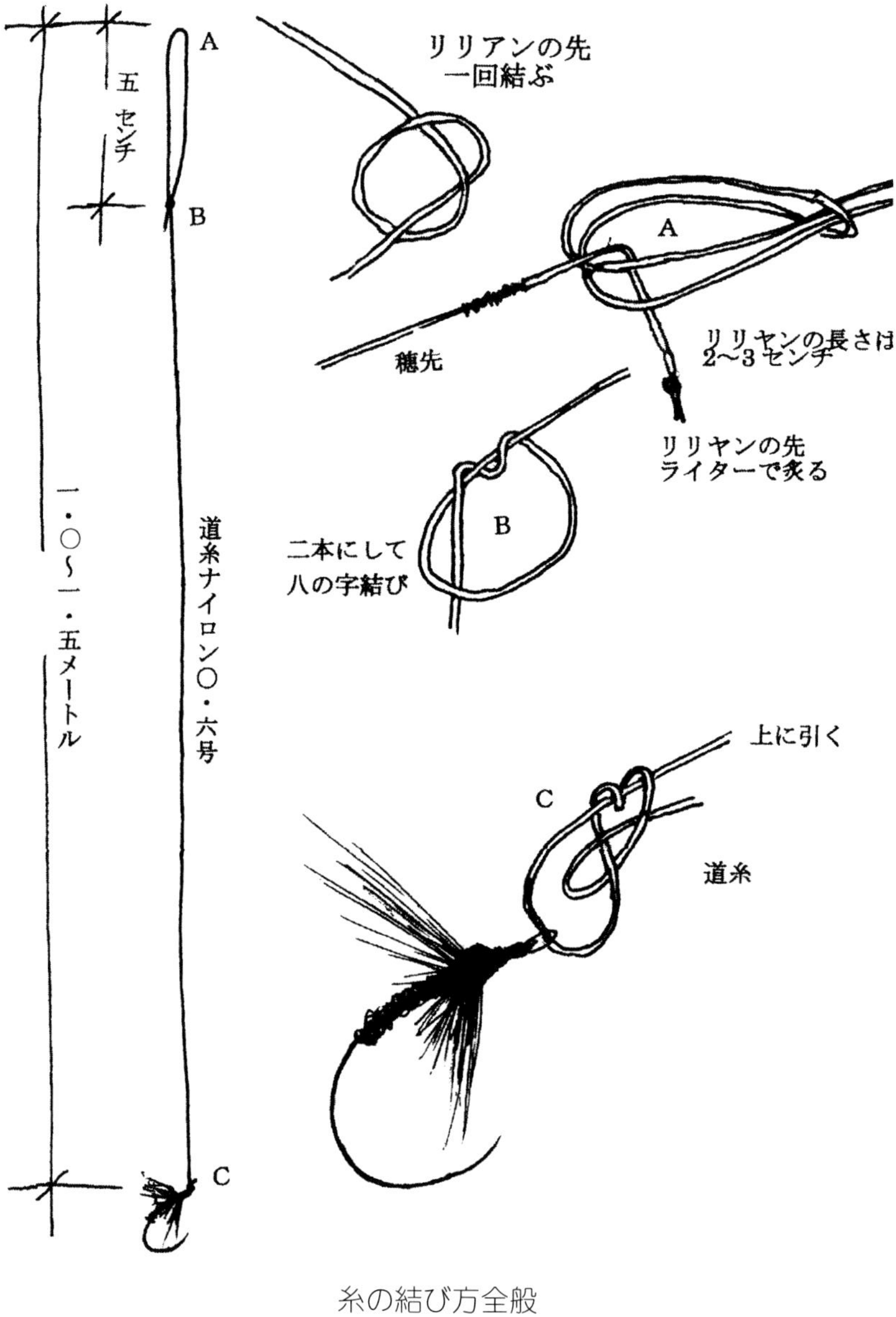
A
五センチ
B
一・〇～一・五メートル
道糸ナイロン〇・六号
C
リリアンの先
一回結ぶ
A
穂先
リリヤンの長さは
2～3センチ
リリヤンの先
ライターで炙る
B
二本にして
八の字結び
上に引く
C
道糸

糸の結び方全般

ヤッケ

# 服装と小道具

服装は着慣れたもので、自然に溶け込む色がよい。解禁当初と盛夏では温度差があるので、そのときどきに合った服装を選ぼう。

胴付の長靴をはく場合には、保温性が少ないために冷えるので、普段履いているズボンの上にそのまま履いてしまってもいいだろう。ズボンも靴も歩きやすいものがいい。

## （1）服　装

①上　着……日焼けや虫刺されを避けるためになるべく羽織る。風通しの良いものを選ぶ

②ヤッケ……寒い時に着る上着。風を通しづらく、軽いもの
③カッパ……フードが一体となったものがよい。1年中、リュックサックに入れておこう
④帽子……光線を遮ってハリを見やすくするので、つばのついたものが好ましい。雨天でカッパのフードをかぶる時にも、つばが重宝する
⑤シャツ……通気性のよいもの
⑥チョッキ……小物入れの付いたもの
⑦靴……なるべくなら胴付長靴がよいだろう。またはウェットスーツ。スパイクのない、すべり止めマットの付いたものを推奨する（47頁参照）

④

帽　子

⑥

迷彩チョッキ

⑧

リュックサック

⑩ 偏光グラス

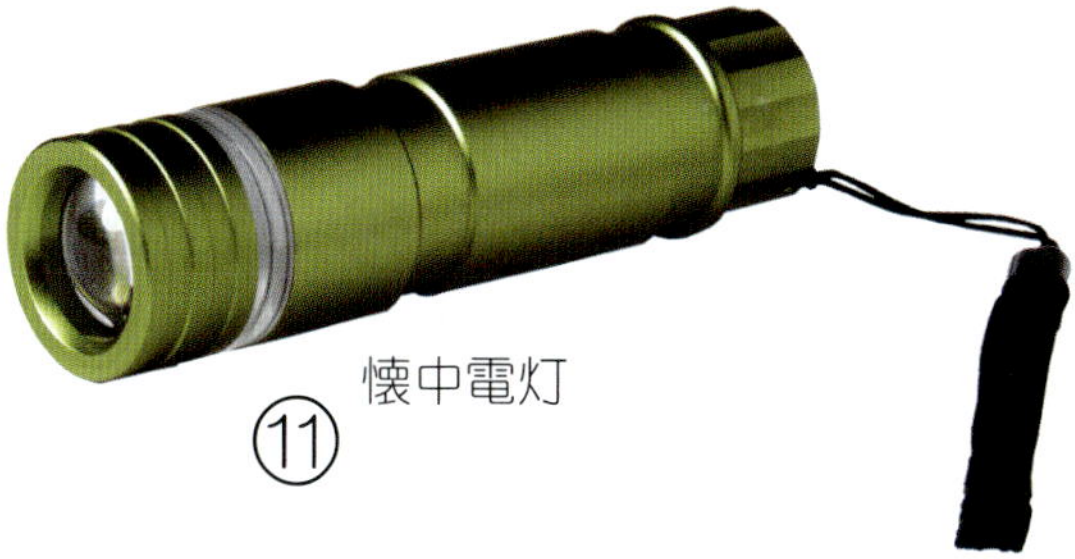

懐中電灯 ⑪

## （2）小道具

⑧リュックサック……50センチの渓流竿が全部入るもの

⑨スペア竿……折れたり、トラブルが起きた場合に備えて用意

⑩偏光グラス……魚の動きを見極めるために必要

⑪懐中電灯……頭に付けて使える仕様のものが望ましい

⑫スペアの毛バリ……もっともロストしやすい部品なので多数用意する

⑬フローティング剤……魚の唾液などで毛バリが沈んでしまう際に用いる

⑭ライター……帰り道で迷わないとも限らない。火をおこす練習もしておきたい

⑮ろうそく……火をつけるために。ろうそくだんごもあるとなおよい

⑬

フローティング剤

スペアの毛バリ

⑫

⑯ザイル……ヘズルにはもってこい

⑰予備食料……遭難したときに備えて

⑱笛または鈴……熊や同行者に居場所を知らせるため

⑲タオル……汗を拭いたり、手を拭ったりと多方面で使う

⑳魚《び》籠《く》……バンド付きで、腰に巻けるタイプ。編みかごでも保冷用のプラスチック製でもよい。ここにタオルを巻いておく

㉑のこ切り……多方面に重宝する。替え刃用の刃だけでもいい

㉒はさみ……多用途に使える

※その他、釣行の場所に合わせて気が付いた道具を自分の判断で持って行く。ただし、なるべく重い荷物は避けたい

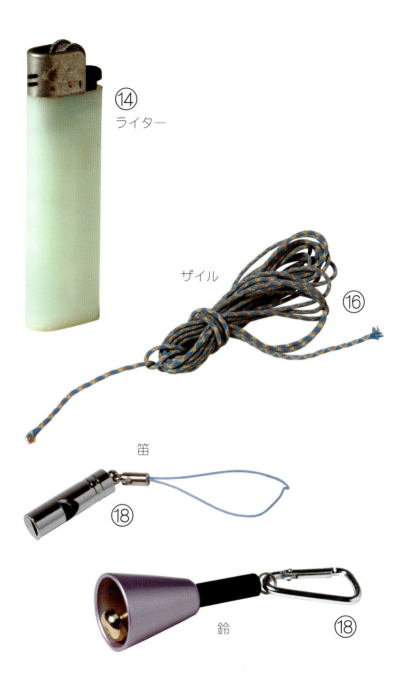

⑭
ライター

ザイル
⑯

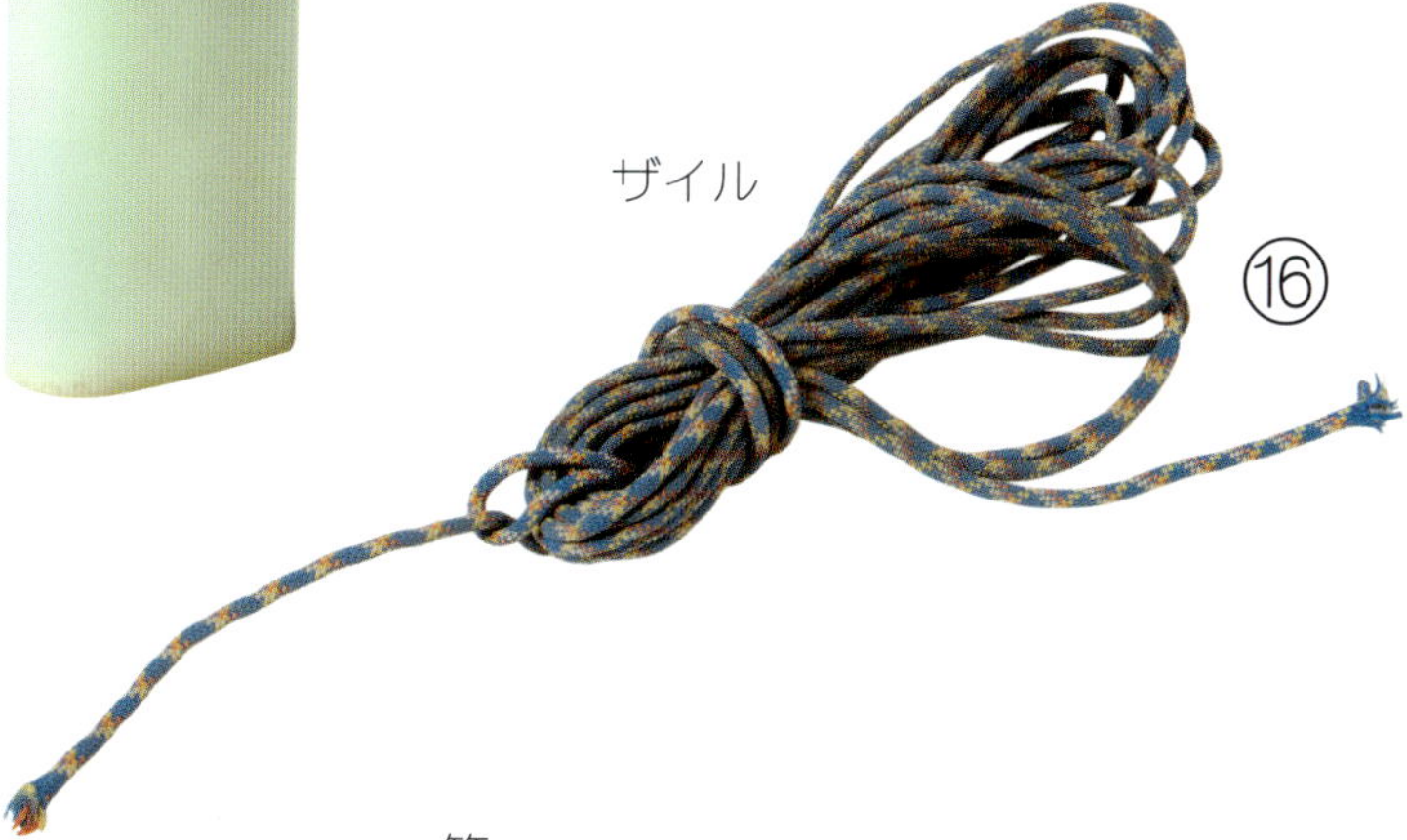

笛

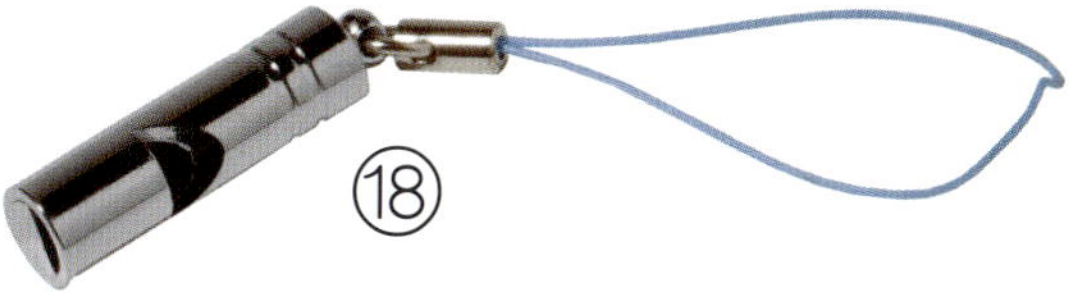

⑱

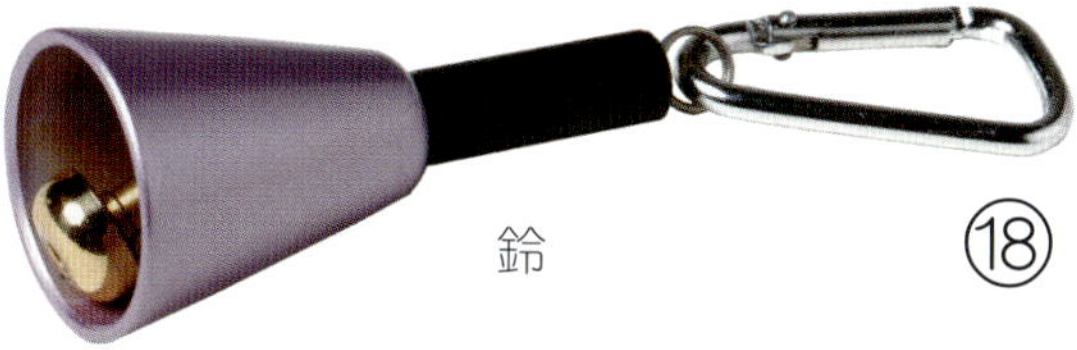

鈴
⑱

⑳ 魚籠（編みかご）

⑲ タオル

⑲ タオル

⑳ 魚籠（保冷用）

のこ切り ㉑

㉒ はさみ

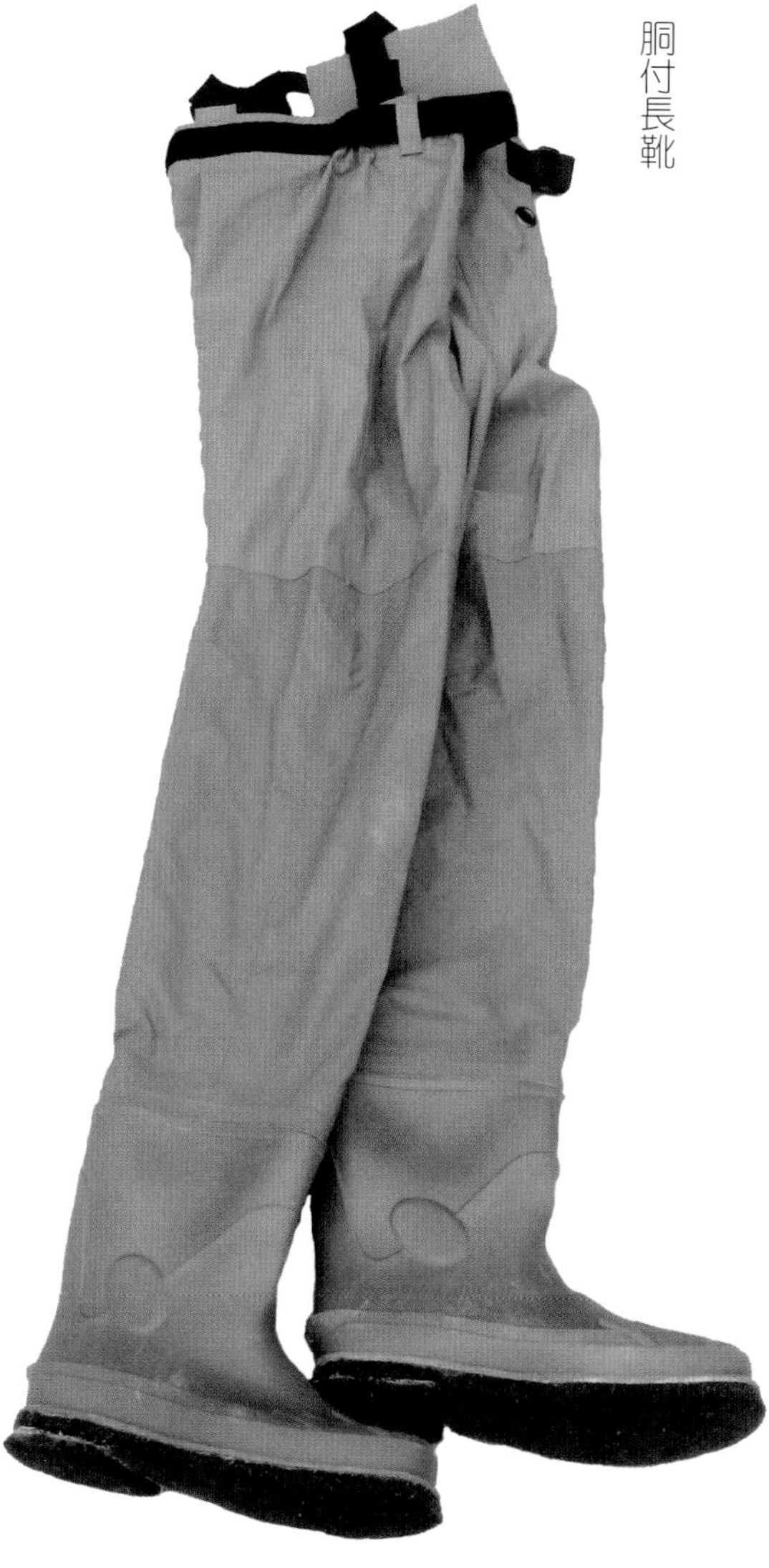

胴付長靴

（3）胴付長靴（ウェットスーツ）

テン釣りは下流から上流に向かって釣り上がる。普通は流れの尻を釣り、続いて奥へと釣るが、横の岩などをバックに近寄ったりして、その場所に応じた釣り方をしたい。川の水はいろいろな方向に流れている。流れの

ウェットスーツ

真下から釣るには、川に入った方がいい場合もある。また、その場その場で攻める方向が変わるため、川に入るケースが多い。上流に移動する時も、ヘズル（川に入らず岩などに足をかけて先に進む）ような岩場などでも、川に入って移動できるので胴付長靴が便利だ。

# 第三章

# 釣り場へ出かける

流れによれがなく、周りが広く見えるところがポイント ▨

## 釣り場の選択

### (1) テン釣りは大川には向かない

東京奥多摩の渓流でいえば、後山川本流と支流全域、日原川の小川谷とその支流。この程度の水量の川に合った釣りがテン釣りである(第五章参照)。

先人の言葉で、

〝丹波に泉水あり
　泉水に小室あり〟

と言われた渓流釣りのメッカでも、山梨の泉水や小室谷の下流部ではテン釣りは向かない。ここはむしろテンカラ釣りに適している。

右が石の頭、左が瀬尻。いずれも狙い目となる

川の源流部は魚が濃く、ポイントも多い。釣り師も岩や木に化けやすい。枝が風に揺れるように、竿を差し出す。慣れてくると簡単に釣れ、釣果も抜群となる。

(2) 水　量

雨上がりで水量の多い時は食いがいいが、水量が多すぎても釣れない。テン釣りは魚がハリを食うのを見て釣る釣法。白泡の多すぎる流れでは、魚からも釣り人からもハリが見にくいので釣果は落ちる。水量が多い時や笹濁りの時は警戒が薄れているので釣りやすい。

(3) 季　節

入梅前は小さい川でも竿を出そう。梅雨の季節になると、クモがいっせいに巣を張る。クモは魚の餌になる昆

流れの集まる泡の切れ目も狙いたいポイント

虫を捕食するので、そんな時はクモの巣の少ない大きな沢に入るようにする。クモは対岸に糸を飛ばして巣を作るが、大きい沢だと対岸に届かず、巣を作りにくいからだ。

クモの巣があるかないかで、先行者がいるかどうかが分かる。巣のあるところに先行者はいない。よって、荒らされていないから、釣りづらくても果敢《かかん》にチャレンジしたい。

梅雨半ばになると魚も強くなり、急流でも余裕をもってハリを食うようになる。

（4）ポイント

釣り場のポイントを知ろう。同じ沢の同じコースを歩くと、魚の出る場所がはっきり分かる。そしてその5、

流れが集まるところに魚はいる

60センチ前に毛バリを落とせば、これは合わせやすい。特別に水量が多いとか、先行者のいる場合は別だが、普段はこのやり方で問題ない。何度か竿を出すと魚のいるところが分かるようになってくる。その後は同じような場所を重点的に攻めると釣果は上がる。

流れの尻はいいポイントだ。城でいえば門のようなところ。そこにいる魚は門番。人の気配を感じると、一気に人間の来たことを伝える。役目なのか、門番を追い込んだら、その淵はまず釣れない。たまには例外もあるが、そういう時は1か所にとどまらず少し歩く。新しいポイントは他にもたくさんある。

また、尻には枯れ枝や枯れ葉がたまっている地点がある。そこは釣れるポイント。枯れ枝にハリが当たる時に食う。慣れていないと、枯れ枝にハリがかからないよう

魚にケドラれやすい瀬尻

に と思って早く上げてしまう。浮いている枯れ枝に当たったハリは下に流れる。その時に毛バリを食う。ハリが枝に掛かるぐらいは我慢して、最後まで流したい。

流れが一本で餌の多く流れているところもポイントだ。強い流れには魚はいない。ゆるい流れで一定しているところに魚がいる。そこから強い流れに出て捕食し、また元に戻ることが多い。これは魚の棲むあらゆる場所に当てはまる大前提だ。

浅瀬と石の頭に狙いをつけたい

## 心がけたいこと

（1）歩き方（忍法）

川釣りで最も気を付けたいことは歩き方。靴底が石と当たる音や枯れ枝を踏む音は最も悪い。すぐに魚にケドラれてしまう（人の気配を察知されてしまう）。そうなると、どんなに整った仕掛けでも釣果は期待できない。また、流れの横から釣る時は、岩などをバックに利用して、風が移動するような気持ちで、ゆっくり同じ速さで近づくようにする。足元に注意しながら、ポイントに素早く竿を出す。

自然の中の音にはいろいろあると思うが、人間の歩く

落ち込みの上は狙い目だ

音は、魚にしてみればたびたびやって来る殺し屋の音。そんな音を知らない訳がない。少々悪い仕掛けでも、人間の気配を感じさせない自然の中では完全に食う。狩猟の世界では、1犬・2足・3鉄砲というが、渓流釣りの世界では、1に歩き方・2にポイントの見極め・3にハリの流し方、である。

## (2) 投げ方

ポイントに立ったまま、いつまでも投入（毛バリをポイントに入れる）しないと、魚はケドル。ポイントに到着したら、いかに早く毛バリを投入するかが肝要だ。1投目がアタリの90パーセントを占め、1投目で釣らないと釣果は上がらない。また、魚のいるポイントをつかむことだ。同じ川の同じ地点を何回も釣り歩くと上達が早

ハリを浮かせるのが基本

いと思う。同じところでいつまでも釣らないで、早く次のポイントへ移る。そして投入する回数を増やしたい。

（3）ハリの流し方

魚は水生昆虫が孵化するところにいる場合が多い。春から初夏にかけては瀬に出て、盛夏には淵や瀬の深いところにいる。テン釣りでは、90パーセントのポイントを攻めことができるが、そのときどきの条件・状況によって流し方は変わる。毛バリを見破って反応しない魚が多いことも確かである。

目安としたいのはカゲロウである。ごく自然に流れるカゲロウのように川面を流せるかが釣果につながる。図の通り、ハリは胴まで沈めて流す。竿を伸ばさずに足元で流してみる。横に振れながら流れるハリは食いが悪い。また、浮き過ぎたハリも同じこと。魚は沈めてから食おうとして尾びれではたいたりする。

人間も同じ。生きている食べ物より調理した食べ物の方が食べやすい。できることなら、ハリを死んだカゲロウに見せたい。全部沈んだ方がよいと思うかもしれないが、そうではなく、少し浮かせて水面張力でカゲロウに見せる。ハリが振れる時は、ハリを持って30センチぐらい糸をよってしごいてやり、素直に流れるように調整する。糸がつれて、ハリが変わった動きをしないように注意する。

1回でも空中でハリを躍らせたら絶対に食わない。躍る時は両手で竿を持つか、ポイントより4、50センチ離れたところから、虫が飛ぶスピードぐらいで振り込みながら落とすといい。これには竿の硬さも影響する。

岩の陰から、忍者の心持ちで竿を出す

## (4) 合わせ方

合わせとは、魚が毛バリをくわえた時にハリ掛かりさせる動作を指す。初心者の場合は、解禁当初の11時〜15時頃の、水温の上がった時間に、水量の少ない沢で釣ると、魚の出が遅く釣りやすい。

テンカラ釣りの本番は4月半ば以後である。魚の出るのも早くなり、慣れるまでは合わせにくい。慣れてくると、自然と手が動くようになるが、最初は浮かしたハリの周りが何かおかしいと思ったら合わせるとよい。

大小にかかわらず、魚は食った時に首を振る。ポイントに近づき、ハリを投入する場所を決めて、魚の出る5、60センチ上流へ投入。魚は人間の気配を感じて様子を見ているので、ポイントに到着後、なるべく早く投入することが肝心だ。

ヒット！　最も心の躍る瞬間だ

また最初は、食ったことに気付くのが遅く、合わせが強くなり、合わせ切れする場合も多い。合わせる時は、ハリスが切れない程度にしっかり合わせること。大合わせする（力強く合わせる）と竿先が下に下がり、動作が毛バリに伝わる時間が遅くなるので、竿先が先に上がる程度にしっかり合わせること。大合わせはハリス切れの原因なので、極力避けたい。

### (5) 取り込み方

ハリ掛かりした魚の取りこみは、15～20センチまでは竿を伸ばしたまま引き抜いて、砂利場や草場などに上げる。周囲のポイントを荒らさないためにも、引き抜いてから竿をハリスの長さほどに短くたたんで、自分の胸に押し当てて取り込んでも良い。

釣り上げた魚。丘に上げてゆっくりとハリを外せばいい

25センチ以上になると引き抜きづらいので、竿をハリスの長さほどにたたみ、片方の手に竿を持ったまま、もう片方の手で水中で魚の下から腹をつかむか、丘に上げるようにすると、無理のない取り込みになる。

## 魚の習性

### (1) 気配

流れのないところや鏡のような地点でも魚はハリを食う。こういう場所ではハリを水面に落とす前が大事だ。鏡のようなところでは水中がよく見える。魚からも丘がよく見えるはずだ。だから、竿の影が出ないで済む、泡や石の影から振り込む。その時に空中や水面でハリが躍ったら食わない。また、着水した後、時に応じて糸をたるめ、後はいかにその体勢を持続できるかも鍵となる。食わない時は、人間や竿、そして自然の中での不自然な気配を魚に感じられてしまったと諦めよう。

## （2）向こう合わせ

流れの少ない地点の泡の中、光線の具合、または足場の関係、いろいろな条件が相まってハリが見づらい時は、糸の弛《たる》みを少なくしてハリを落とす。そして食うのを待つが、初心者には食ったかどうかの判断が非常に難しい。そこで少々流れでもあれば、1、2と数えては上げを何回も繰り返すことで、食った時に合わせになるので、同じ所をソフトに繰り返し流したい。

こちらから魚が見えないということは、魚からもこちらが見えていない。魚は安心して食いついてくる。自分のハリを信じて、魚にハリがかりを任せてしまおう。

## （3）大　物

大きい魚は数も少なく釣りづらい。流れてくるハリを

魚とのかけ引きは真剣勝負だ

反転しないで食うことも多い。また、浮き上がって吸い込む時もある。一度くわえた毛バリを魚が吐いた後で、くわえていたと気が付くことが多い。

同じところで岩や石にハリが隠れてしまっても、勘で合わせて釣れることがある。釣り師から見えないハリは魚からも見えないので、ゆっくり食うと思われる。1日の釣りで何回もあることだ。ハリが石に隠れたら、1、2と間を取って合わせる。気付くのが遅いと、力強く合わせ過ぎてハリス切れが生じるので注意したい。

## (4) かけ引き

時にはかけ引きがうまく、人間の気配を感じていても逃げない魚がいる。そんな時は早く毛バリを投入したい。魚は食ってから逃げようとする。そうなれば釣り師の勝ち。落ち着いて合わせるようにしたい。

また、気配を感じて上流から見に降りてくる魚もいる。足元まで様子を見に来て、人に気付いて一目散に逃げ込む魚もいる。こんなところは次回の釣行でチャレンジしたい。

### (5) 食う真似

ヤマメはハリを流すと、どこからともなく出てきてハリを食う真似をする(ハリの下で反転する)。その時、合わせてしまうと、二度とヤマメは出てこない。よく見て待つ。食う真似をして戻ったはずの魚がいっきに食ってくる。最初に出てから食うまでの時間はわずか。人の気配を感じていて、一度食う真似をして警戒を解き、それから食うのだから賢い魚だ。

魚とのかけ引きに見事勝利！

大水に耐え、また餌の少ない厳しい冬を乗り越えて生き抜く魚たちの生命力は強い。土石流で全滅しても、上流部の一部に残っていた魚が子孫を残して絶えずに復活する。人間と駆け引きをするヤマメは立派。私たちも慌てず慎重に生活しないと失敗する。人の世も同じだな。

## (6) 縄張り争いか兄弟喧嘩か

時には大ゲンカをしている魚を見る。お互いに絡み合っている。喧嘩に疲れると、白い腹を見せて川底に横になって休み、片方が起きると再び互いに絡み合う。餌場争いなのだろうか。それとも三角関係かな。人間と同じで川に棲む魚も喧嘩するのだ。川底で白い腹を見せて横になって、2匹で休んでいる姿は、なんともカワイイもの。こんな時は、頭の上でハリを何度流しても見向きもしない。

## (7) 魚を侮るなかれ

魚の動きは人間が考えているより素早く、例えば急瀬に毛バリを流すと、どこからともなく出てきて、流れるハリの下を一緒に下りながら、余裕をもって毛バリかどうかを見破る。また、毛バリを流すと、先回りして下流で待っていたりする。その習性を利用して、食いにくい岩の際に毛バリを飛ばしておいて(集魚)、早い流れの尻を少し流したり、鏡のようなところへ真上から落としたり工夫する。

ヤマメは毛バリをくわえてから吐くまでの時間が速い。時には0・2秒もの速さだと言われている(川の流れ方と水温で変わる)。こちらが目で確認して頭で指令を出して、手が反応して竿に伝わり、その動きが竿先に行き、仕掛の先の毛バリが動いて魚に伝わるまでの間に、魚はハリをすでに放している。

毛バリやその周りを眺めながら流している時、魚は見えなくてもハリが消えたり、水の色が変わったり、魚の反転がちょっと見えたり、何かおかしいと思ったらすぐさま合わせる。魚が首を振った時が食った時だ（保護色の魚は慣れないと見づらい）。水温の低い時の魚はゆっくり出てゆっくり食うので、3月の早い時期に日当たりのよい沢で釣ると、反応は薄いものの魚の動きに目が慣れていくと思う。

こうした魚の裏をかく（意表を突く）釣りも効果が出る場合がある。余裕とリズムを持って、自分の考えに合う釣りを試みながら楽しんでほしい。

木の葉模様のヤマメ

# ヤマメとイワナ

本書で狙いとしている対象魚はヤマメとイワナである。それぞれ釣り方に違いがあるが、それは本流であるか源流であるかによっても違うし、釣り人が多くてスレた魚とスレていない魚によっても変わる。また、水温の高低によっても違うので、一概にはいえない。以下はあくまで基本的な情報として覚えておいてほしい。

ヤマメは体に木の葉状の模様があるのが特徴。山の女と書くぐらいだから、とても美しい姿をしている。海まで下るものと、川にとどまるものとがいる。体長は平均で20センチ前後。大きいものだと40センチを超える。大きくなるほど、体の模様は少なくなっていく。ゆるい流

斑点が美しいイワナ

れのところにいることが多い。似たような魚にアマゴがいる。違いは木の葉模様に沿って朱の斑点があるかないか。ヤマメにはこれがない。

イワナは小さな斑点が特徴。日本のイワナはほとんどが海に下らない。体長はヤマメと同じくらいだが、大きくなると40センチ超。ヤマメと異なり、イワナは巻き込みや落ち込みの裏にいやすい。山ドジョウとも呼ばれ、胴が丸くて長い。毛バリをくわえている時間がヤマメよりも長く、ハリ掛かりした魚はファイトの時間が長く続く。大イワナは毛バリを無視したりするが、何度も流していくと食いに出てくる。たまにハリを沈めて誘い出してもよいだろう。

ヤマメとイワナは棲み分けをしているが、たまに混生している時もある。混生魚は同じような食い方をする。

# 第四章

# テン釣りを極める

ポイントを見極める①

## より多く釣るためのテクニック

### (1) 飛ばして釣る

水面上1メートルぐらいから竿をおろし、毛バリを水面上30センチのところで2、3メートル飛ばして着水させる。この時、最初から最後までハリを躍らせては食わない。ハリを躍らせないためにも、竿先は硬くなければならない。着水と同時にハリを食うこともある。後はそのまま待つだけだ。飛ばすということ、イコール、ハリを躍らせない。どんなポイントでも、竿の影を出さないように少し飛ばして毛バリを着水させるのがよい。

## （2） 空中釣り

ほとんど流れのない広いところなどで浮いている魚は、ハリを水面に着けると毛バリだと見破られる。ハリを水面に落とさず、水面5センチぐらいのところで横にゆっくりと飛ばす。風の吹く時は、ハリが水面に着かないように注意して宙を流していく。時には、風に乗ったくらいの速さで魚の頭に落とす。すると驚いて食う時がある。

泡の横などで浮いて捕食している魚は、真上6、70センチへ毛バリを置いて待つと、流れてきた餌を捕食する。その時そのまま毛バリを落とすと、近目に弱いのか必ず食ってくれる。何とかそっとそばまで近寄ることだ。

ポイントを見極める②

## (3)から合わせ

白い泡が立つ速い流れの中の、泡の薄いところにハリを流す時、泡でハリがよく見えない。そういう時は、ハリが下の濃い泡に入ったのを想定して、から合わせする。ただ、流れがよれている(複雑に流れている)ところには魚はいない。白泡とハリの色は違うので、必ず見て合わせるようにしたい。

から合わせとは、魚が食った時と同じように、糸の切れない程度にしっかり合わせることだ。どうしても見えない時は、ハリが水面に着いたのを想定して、1、2、3と間を取ってから合わせるようにする。

魚は保護色なので水の上からだと見づらい。ハリから目を離さずにいても、いつの間にかハリが消える。そんな時は良型サイズが食っていると思っていい。どんなに渓流釣りに慣れていても、こうした体験は1日の釣行中で何度かある。

泡でハリが見えなくなっても慌てずにから合わせ。ハリが石や岩に隠れたら1、2、3と間をとってから合わせ。ハリが見えていても、竿を上げる時はから合わせ。そんなから合わせにも魚が掛かる釣りだから、から合わせの癖は身につけておきたい。

### (4) 雨の降り出し

雨がポツポツ降り始めると、木々の虫が落ちるのか、水際の餌が流れ出すのか、淵の頭に大物が出る。そんな時はどこでも食うが、大物は頭にいることが多い。また、食い出したら川の横で素早く多くのポイントに投げることが大切だ。

ポイントを見極める③

雨の後で笹濁りになると、警戒心が薄まるのか、泡の下に5、60センチ間隔で縦に並んでいる魚たちがいる。テン釣りの場合、下の方にいる魚から釣り上げていくと全部釣れてしまうことがある。また、こうして一列に並んでいるのを見ると、魚の世界は上下関係がはっきりしているようにも思える。不思議なものだ。

## (5) 堰堤《えんてい》下

堰堤は一つの魚止め。場所にもよるが、深みがあって水量が多い。浅瀬で川虫が孵化するような時節には、淵の下に魚が遊びにくるのか、餌を取りに出てくるのか、魚影が濃くなる。堰堤があると、上に登ることはできないので、注意して釣りたい。

また、そのような1～1・5メートルぐらいの落ち込みの下は、魚が濃いことが多い。釣り上がっていって、ここは魚影が濃いなと思うと、すぐ上に滝や堰堤のあるケースが多々ある。

(6) プール淵の上（流れ込み）

大きいプールでは、大物から小物まで多数の魚が見える。このようなプールの落ち込みの上は、流れが浅いので川虫が孵化する場所となっている。大物がいるポイント。魚は人の気配がすると、すぐ下のプールに戻ることができる。そんなところは注意して釣りたい。

(7) 巻き込み

巻き込みの場合、泡のないところが多いので、魚からも丘がよく見える。したがって、ハリを落とす前が大切

ポイントを見極める④

だ。竿の影が映らない方から振り込むように飛ばして流れに乗せる。ハリが躍らないよう、また、糸が張らないよう、そのまま静かに流し込む。泡の手前で食うか、泡の下から出て食うか、泡の切れ目でハリが止まり、ハリが流れ出してから食うか、である。糸が張らないように自然にハリを流せるかで食いが決まる。

（8）食い波（平場）

食い波とは、川底より上に吹き上げるような波のこと。普通の流れと違い、吹き上げながら下へ流れる。川底にあった物を一緒に乗せて流れていく。魚はその中の餌を食う。普通の流れより何倍も遅く流れる。著者は「食い波」の言葉を知ってはいたが、どんな波かは知らなかった。目で確かめて、自然と理解した。釣りをしていなくても、どこの川でも見られる食い波をよく見極めて、いい釣りを心がけたい。

速い流れの当たった岩の横、6、7センチのところも流れの弱い地点（食い波）。通常の流れの5分の1ぐらいの速さで流れているので、一番の餌場だ。一定で流れるところに魚はいるが、流れのよれた（複雑な）場所には魚はいない。また、流れの集まっている場所は、流れて来る餌の量が多いので、必ず狙ってみたいところだ。

なお、餌釣りでは食い波の中を流すと釣れるが、そこは毛バリ釣りには向かない。毛バリを見破られてしまう。

## (9) ハリの演出

ハリは胴まで沈めておく。糸を少したるめ、流れ出し

ポイントを見極める⑤

たら少し多くたるむようにする。ただし、たるめ過ぎないほうがよい。流れによれが少なく、一定の速さで流れ、淵へ流れきるところを狙う。早く食わないとハリが泡に入ってしまう。泡の下に魚がいる時は、泡の中に落として、泡から流れ出したハリを目で追う。また、落ち込みに縦になって待っている魚もいるので、最後まで流しきることが大事だ。

そして食っていなくても必ずから合わせする。とにかくから合わせの癖をつけたい。また、落ち込みから次の落ち込みまでが一つの城のようなもので、流れの尻にいる魚は門番。その魚を追い込むと、周りの魚がケドって釣れなくなってしまう。そういう時は次の機会とする。

1回でも空中でハリを躍らせたら、魚にケドられて絶対に食ってもらえない。躍る時は両手で竿を持つか、またポイントより4、50センチ離れたところから、虫が飛ぶスピードぐらいで、振り込みながら落とすとハリは躍らない（竿の固さも影響する）。

ハリによっては、食いのいいハリと食いの悪いハリがあるようだ。基本的にはどんなハリでも食うが、一番いいのは前述の通り、カゲロウの卵が孵化して、カゲロウのハネが全部開く前の状態に似せること。水の抵抗も少なく、自然に泳ぐからだろう。胴に対してハックルを尻方向に少々寝かしたハリが、このカゲロウに近いかたちでよく泳ぐようだ。当然、食いもよい。

ハリが着水したとき、10センチくらい弛《たる》める。あまり弛めすぎると、他の流れに糸が左右されて自然に流れない。流れ出したら少しずつ弛めて流す。この時、糸は水面に垂直に置きたい。水に落ちた虫は力尽きた虫で、こ

ポイントを見極める⑥

れを演出したい。浮き過ぎたり、左右に振れるハリは、食いが悪い。

### ⑽ 予備のハリ

新潟の笠堀湖バックウォーターより2時間ほど歩くと、二つの川の合流点にたどり着く。川は広く、ポイントのないような川。合流点近くにテントを張り、ちょっとためし釣りにと上流へ。深場を避けるように岩場をへズり、見ると上流の深場と下流の深場の間、小砂利の浅場にイワナが見える。餌釣り用の6メートルの硬調子の竿を振る。糸はナイロン0・6号の通し、オモリを付け、餌はミミズ。イワナ上流1メートルから流すと餌をよける。

左へ流すと右へ、右へ流すと左へ、何度か流したが、まるで食わない。岩へ張り付いているので疲れる。休みしてもまだそこにいる。毛バリを考えるが、持っていない。まだ毛バリ釣りを始めて間もなかった。帽子を探ると1本、チャボ（鳥）の毛で作った古いハリがくっついていた。

餌釣りの仕掛けをオモリの上で切り、ハリを替えてイワナの頭の上に落とすと一発で食った。イワナは上流に走る。0・6号の糸が鳴る。やっとこさっとこ我慢していると、今度は下流へ一気に下る。岩にヘズったままでなんとか我慢していると、手元までイワナが寄ってきた。今でも思い出のイワナ。45センチあった。はく製にしてあるが、幅広イワナで、こんなに長く糸が鳴ったのは初めてだった。

昔から帽子にはハリを刺すなといわれるが、毛バリを

ポイントを見極める⑦

始めたころは持ちあわせの剣バネが少なかったため、最初はハネの本数を多く巻き、釣り終わったら家に持ち帰って巻きなおして使ったことがある（二度使い）。そのくせからか、使い終わったり、痛んだりした毛バリは帽子に刺しておくようになった。

まだ若いころ、これから釣りに出かけるという時、わくわくしながら家を出る。ところが、川に着くと、ハリケースがない。浮かれていたため、巻いた毛バリを家に置いてきてしまったようだ。今日は帰るだけかと思った時、帽子のハリを思い出した。帽子からハリを取り、釣りを始める。すると川の条件も良いのか、馬鹿釣れした。当日は80尾も釣った。

今でも使い終わったハリは帽子に付けるようにしている。

### (11) 竿の操作

ポイントへ毛バリを投入する時、下流より上流に竿を刺すように出す。横に振るのは竿先。3、40センチほど手元で振るだけで、毛バリを自然に投入することができる。魚は水中から空へ透かして毛バリを見ている。源流部は竿の上に木々の枝などがあるので、竿の影が出づらく、魚がケドルことは少ない。

流れの横や斜め下から釣る時は、自分の立つ位置より竿を出して、魚に糸がかぶらないようにする（立つ位置と毛バリの間に魚を入れない）。立った位置から魚を見て、手前前方に毛バリを投入して釣りたい。

### (12) 点々と釣る

自分の立った点から次の点へとこまめに移動して、魚

ポイントを見極める⑧

のいるポイントを探りながら釣る。竿を出すのは、魚を追い込む手前の地点。ここでは一切不動。ここで竿の届くポイントを全部探り、次の地点に移る。ポイントを探るには、魚の出る場所を読み、魚が食いやすいところに毛バリを流す。糸のかぶりに注意して流したい。

魚のいるところは、水量、雨の降り出し、時間帯で大きく変わる。また、魚は人間に気づいていても必ずしも逃げない。1歩出れば追い込むが、1歩下がればそこにいる。

足音をたてず、忍法で進む。木や岩に化けて釣りたい。毛バリは自然な流れに乗せる。自然に流れるハリを、魚は自然にゆっくり食う。糸が張って不自然に動くハリの食いは落ちる。大石と大石の間など、小さい場所で流れがなく、鏡のようなところは、飛ばしながら投入する。糸がつれてハリが変わった動きをしないように不動の体勢。とにかく、いかに自然を保てるかで釣果は決まる。

## (13) 花の香り

渓流釣りが解禁となって、しばらくすると山吹の花が咲く。山吹が咲くと釣りは本番と昔から聞いているが、家の周りには山吹の花はないので確証がない。毛バリ釣りの場合、山吹の後に咲く桐の花と藤の花、ゆりの花が満開の時に釣れるようだ。たまたまどこからか種が飛んで来て、桐の木が家の敷地に生えた。大事にしていたら、大きくなり花をつけるようになった。花が咲く前から釣りに行くが、桐の花が咲いて甘い香りがすると、釣れるよと合図をしてくれているようでワクワクする。入

釣りも花も同時に楽しむ。
これはやまゆりの花

梅前の最高の季節到来だ。関東でのテン釣りは、4月から夏の釣り。7月の梅雨明け後の魚は肥っていて美味しい。少々水量の多い時は釣り日和である。

ゆりの花、とくにやまゆりは八王子の市花になっているだけあって、各所に見られる。子どものころは球根を掘って食べたものだ。花が咲くころ、すでに里は猛暑。でも、渓流は天然のクーラーになっていて心地よい。避暑をしながら魚も釣れるなんて最高だ。

## ⒁　釣りリズム

上記のように釣りにはいろいろコツあるが、大切なのはリズムだ。渓流の流れのリズムとハリのリズムはカラオケのようなもの。流れがメロディ、ハリは歌い手。その両方がマッチしてよい結果が出る。いかに自然に近寄り、いかに自然のリズムをつかむか。

魚のいるところを知り、自然のリズムに合わせて第一投する。一投で決めないとケドラれる。自分も岩や木に溶けこんで魚に近寄ることだ。近寄ると同時にポイントに投入しないと、不自然さが伝わって魚はケドル。ハリが躍らないように投入したい。

## (15) おさらい

まずは足音を立てない。これは大前提だ。

そして、ハリは見づらいが、低い位置から釣る。昔から一寸一景という言葉があるが、目の位置が一寸変わると、新しいポイントが見えてくる。ただし、一寸でも頭を上に上げると魚にケドラれる。こんな時は頭の上に目があるといいなと思う。

ポイントを見極める⑨

風を釣るという言葉がある。風に乗ったハリは自然に見えるからだろう。渓流の風は吹き回す。無理して吹き下ろしの風を釣らないで、吹き上げの風（下流から上流に吹く風）を待つ。そしてハリを自然に流すよう心掛ける。いかに自然の虫を演出できるかが釣果につながる。

以上、コツがつかめてくると、テン釣りの楽しみ方はぐんと広がる。毛バリ釣りを始めたころは、自分なりに研究して毛鉤を巻くことが楽しく、ハリケースには多種類の毛バリが入っていたが、今は1種類だけ。自作のハリでどんな条件の中でも釣りを楽しむのが面白い。若い頃はハリを巻けば早く試したく、少々釣れればまた行きたくなった。毎日通ったものだ。

ハリも大切だが、それより先に自然を壊さない歩き方、ハリの泳がせ方を心得てもらいたい。

岩に張り付いてヘズル著者

# 釣りは危険と隣り合わせ

## （1）川を侮るなかれ

渓流釣りや川釣りで見えるのは水面だけ。ただ水面を見ただけでは、光の反射で何も分からない。川に潜ってみても、水のよれや流れの速さはつかめないので、水面をよく観察して、周りの条件とこれまでの経験を照らし合わせて予想を立てる。自然に流れる川を馬鹿にしてはいけない。

川に落ちて流されてしまっても、平場に着けば大丈夫。岩場や倒木、テトラなどに吸い込まれて亡くなる人が多い。障害物が下流にある時は、十分気を付けて釣り

道具を持ちながら慎重にヘズル

たい。特にテトラは、強い流れが当たるところに設置されているので注意が必要だ。見えない川底のナメに入ると足が滑って止まらないので、こちらも注意すること。川を渡る時などは、リュックや肩に背負うものは片方の肩に背負い、いつでもはずせるようにしておこう。

無理な高巻きは絶対やめること。少々登れば安全な高巻きも見つかるし、また少し戻れば上流へ行きやすい場所は必ずある。急がば回れ。また、水際でバランスを崩した時などは思い切って水に飛び込めば怪我をせずに済む。場所に適したところを歩き、安全で楽しい釣りをしたい。

## (2) 落石

友人と小金沢を釣行。しばらく釣っていたところ、大きなオーバハングのあるところに出た。その下に竿を出していると、50センチぐらいの岩が音もなく外れ、2メートル前に突然落ちてきた。たまたま友達が私の方を見ていた時で、顔を見合わせた。

また、後山川で釣行中、何か、こつん、こつんと音がするような気がした。しばらくして、音とともに木が揺れ始め、それと同時に大岩が何個か落ちてきて、白く岩ぼこりが立った。私が通り過ぎた後ろ30メートルぐらいの地点に落ちてきた。

風の強い時は木が揺れて木の根も揺れ、根回りの石が落石になることがある。大風と大雨の時は特に注意して釣りをしたい。

また、林道や杣道で鹿を見たら注意しろと、杣人に聞いたことがある。鹿は人間が危害を加えると思い、人よ

アマゴ。ヤマメとの違いはオレンジの斑点

り遠くへ行こうと一気に山の上に駆け上がるので、落石が生じやすい。鹿を見たら落石のこないようなところで、少々待つこともよいと思う。

### (3) 天気

渓流の天気は変わりやすい。夕立ちは3日続くというが、本当に続く時が多い。天気予報もまあまあ当たるが、地元の人にちょっと聞いてみるのもいいだろう。雨がポツポツ降り始めると、渓流の魚は食い出す。アマゴという渓魚がいるが、雨子《あまご》というくらい、梅雨時期や雨が降り出すと宴会を始める。そんな時は短い時間だが、警戒も薄れるのか、どこにこんなに魚がいたのかと思うぐらい湧いて出る。

増水して笹濁りのうちは食うが、川底に沈んでいる木の葉などが流れ出すと毛バリ釣りは終わる。こういう時、餌釣りの仕掛けを持ち歩いていないと、帰ってくるしかない。著者も昔は餌釣りをしていたが、今は毛バリにフローティング剤を付けるだけの釣りに落ち着いた。

夕立は大雨になることが多い。急な増水には警戒が必要だ。土石が流れ、水は濁る。雨宿りする時は、吊り橋など橋の周りだと2次被害が少ないようだ。

## ⑷ 雪崩

4月初旬、友人と2人でシーズン初めての釣行に奥多摩へ出かけた時のこと。9時半に家を出発。途中、釣具屋に寄り、胴付長靴を買って、昼近くにダムサイドの沢へ向かう。釣り場が近くなり、林道を行く。前日に降った雪のためか落石が多い。友人が石を林道横に寄せなが

急流を泳いで進む。かなり危険

ら先に進む。

すると、カラスが2、30羽、いっきに飛び立った。車から降りてみると、鹿が1頭死んで骨になっている。よく見てみたら、確認しただけで7頭も転がっていた。雪崩に巻き込まれたらしい。まだ雪の下に鹿がいるのかと思いながら見つめた。

自然の中に生きる鹿でも雪崩は予想できないのだから、人間も注意して釣行したい。

## (5) 帰り道

釣りを終えて、竿をたたむ。道具全部をリュックに入れ、長時間釣りをしていた緊張感から解放される。釣りをしている時は、足元・竿先・ポイントなど、あらゆることに集中する。そんな時には、頭の中はゼロ。何が起こっても怖くないような、非常に静かな気持ちになる。沢から上がって道に出る。沢と違って明るい。一番気の緩む時。釣りをしている時と違い、足取りは軽い。

普通、渓流釣りでは、1時間釣り上がっても、帰りは10分弱で帰れる。歩く途中、背丈以上の熊笹に入ると、右も左も見えなくなって心細くなる時がある。渓流釣りは魚を釣る時が何より楽しいが、帰りがけには何ともいえない侘しさがある。最後まで緊張感を持って帰路に就きたい。

## (6) 日　没

友達と2人で釣行、山梨の後山川支流の片倉沢に着いた。その途中、車の調子がいまいちになった。釣りに夢中な2人はいつもの本流を釣り上がったものの、車の調

尺ヤマメ。30cmを超えるとこう呼ぶ

子を見るため私だけ先に戻った。もし、車のエンジンがかからない時は人家まで下りて電話をしに行くので、火を燃して待っていてくれと伝え、車に戻る。

エンジンをかけるが、かからない。人家まで歩く途中で日没、暗くなってしまった。山の中腹まで上がり、家を訪ねると留守らしい。その上の家まで行き、電話を借りる。別の釣友に電話している住所を教えて、車屋さんと迎えに来てくれるようお願いした。その家でお酒を分けていただいた。

家の人が、「暗いので危ない」と言ったが、「頭に付ける懐中電灯を持っているので大丈夫です」と安心させ、暗い山道を戻った。1時間もすると先の方に焚火が見えた。友達は火を燃やしていたが、山の中で1人は寂しかったと話す。ねぎらいに先ほどの酒を差し出した。11

時半ごろ迎えが来てくれた。

早く釣りを終えていればよいものをと反省したが、若いうちは何をおいても面白い釣りがしたいものだ。その節は、家族、釣友、車屋、電話を貸してくれた家の人、みんなにお世話になって釣りが終わった。

釣りに夢中になって、時の経つのも忘れる時が多々ある。懐中電灯は必ず持って出かけたい。夕方、魚が釣れ始めて、釣り終わりが暗くなる時も帰り道に重宝する。本来ならこんなことはない方がいいが、暗くなったり、道に迷った時は、早く火を燃やして動かないことだ。火を燃やすためのライターやろうそくだんごは軽いので、必ずリュックに入れておいてほしい。

黒文字の枝にイワナを刺して焼く。最高のぜいたくだ

## (7) 火の番

新潟県の仙見川にて。車を止めて歩き始める。3時間ほど歩くと合流地点に着く。その右側の沢の入り口にテントを張る。その日は楽しい釣りができた。

翌日、大雨で水量が増えて、別の沢に入った。ところが、友達2人が夕方暗くなっても帰ってこない。迎えに行くというと、残っていた別の友人が行かない方がいいという。私はどこに行っても火もし役。火を燃やすのは得意。火を絶やさないよう、大雨の中で火を守っていた。

心配していると声がする。気のせいかと思ったが、少々の時間が長く感じ、また声がする。これは良かった。2人は無事に帰ってきた。友人の1人は言った。あの火が見えた時には気が緩んだと。

後で話を聞くと、足を滑らせて流され、流木に吸い込まれてしまったそうだ。リュックを背負っていて、水の抵抗で脱出するのが大変だったという。水量の多い川を渡る時は、いつでも外せるように必ず片方の肩に背負って渡りたい。

## (8) 自然を味わう

春は芽吹き、この季節の沢は明るい。盛夏に釣りをしていると暑さ知らずだ。秋に釣りは終わるが、こんな自然の多い釣りはない。季節のいい時期だけいじめにくる。人間は勝手だ。毛バリ釣りは所詮、糸の付いたハリ。魚が食うわけない。間違って食うのだ。だから面白い。今日はいくつ釣ったとかいって、魚にしてみりゃいい迷惑だ。

1日で230尾の釣果。著者と友人2名の1日の漁

釣ったら食うのが供養というが、食べても食べなくても変わりはない。ただ、食べ物を粗末にするなということと思う。動物は食わなきゃ生きていけない。味にうるさい人間は、そのたしにするだけ。酒の肴に。釣りから帰ってきたら必ず食う。両手を合わせてから。そのうち魚に釣られるかもしれない。釣りたてのおいしい魚を食べて自然に生きたいと思う。

## (9) 私の神さん

私の神さんは、私の近くにいる動物だと思っている。生きていく中で、ゴキブリがいようとカメムシがいようと、それも神さん。お客さん、釣友、風呂屋の仲間、寺の役員、社員、全て近くにいる動物は神さんと思う。釣りをしている時に糸を切って逃げた蛇もいるし、川ねず

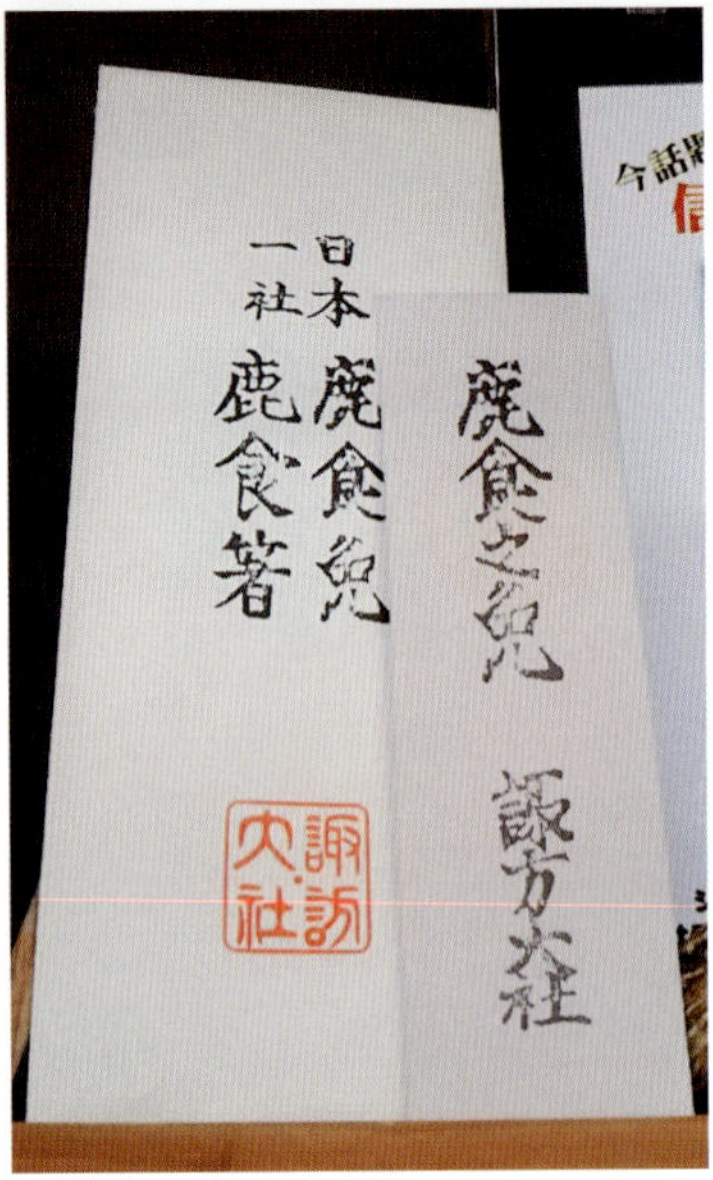

諏訪大社の「鹿食免」

みやカワガラスが掛かったこともある。それも神さんが釣りの邪魔をしたのだ。そこしか通るところがない場所に蛇が横になって動かない。またげばいいが、通りづらい。そんな時は神さんでも仕方ない。ちょっといじめてどかす。

釣りの肥料は釣行の多さだと思う。人間は勉強して、働いて、お金をいただく。しかし、他の動物にはそんなことはない。6世紀半ばから江戸時代が終わるまでの約1200年の間、朝廷から殺生禁断の命令が出されたそうだ（殺生禁断では、四足を飼っても食べてもいけない）。

昭和40年に銃を買った時、四足を殺すと畳の上で死ねないと父に怒られたことがあった。そんな習慣が最近まで残っていたのだ。その当時、四足を飼っても食べても

49センチの幅広イワナ

いいという免許が、諏訪大社より出された。その免許を鹿食免《かじきめん》・鹿食箸といい、今でも諏訪大社は狩猟の神様といわれている。猪のことを山クジラと魚にたとえ、食べる時はぼたんと花にたとえ、ウサギは1羽・2羽と鳥にたとえていた。そんな生活の中で生きてきたから日本人は小柄なのかな。最近は美味しい物をたくさん食べているから、体格のいい人が多くなった。

いろいろな神さんと接触しながら渓流釣りを楽しむのが最高である。

剥製にした大物のイワナ

# 第五章

# 釣り場案内

# 釣り場案内・初級

著者はこれまで数え切れないほどの釣行を経験してきた。本章では、数ある釣り場のなかでも、初心者が釣りやすく、訪れやすい場所を紹介していきたい。気を付けてもらいたいのは禁漁期間。川によってまちまちなので、釣行予定の川を管轄する漁協に事前に確認しておくとよい。

手始めに東京近郊の釣り場案内から。恐れずに川へ行こう。当たり前の話だが、川で竿を振らなくては、魚は釣れない。

## （1）八王子市　小下沢《こげさわ》（裏高尾）

中央線高尾駅北口下車―小仏行バス―日影バス停下車（20分）―小仏方面に400メートルほど歩く―中央線の煉瓦造りのガードをくぐり右折

―中央道の下をくぐり右に梅林を見ながら歩くと600メートルほどで沢に出会う

登山用のハイキングコースになっていて、川沿いに林道があり、どこからでも出入りできる。林道より竿を出せる箇所もある。杉山が多く、魚の育ちが悪いのか、水量が少ないのか、小型のヤマメが多い。この沢は大釣りはないが、少々時間のある時、短時間で遊ぶ時には良い川だ。また、足ならしには最高の沢である。女性や子どもにも適している。

ある時、ヤブコギしながら釣りをしていたら、目印が目の前にあった。誰かこんなところに目印を引っ掛けている。どんな仕掛けか一瞬見ようと目印に手をやると、上で声がする。上を見ると林道に座って釣りをしている先行者がいた。一言「ごめんなさい」といって林道に上がり、話をした。何を話したか覚えていないが、パイプと布でできている折りたたみの椅子に座っていた。こんな釣り方は初めてだ。

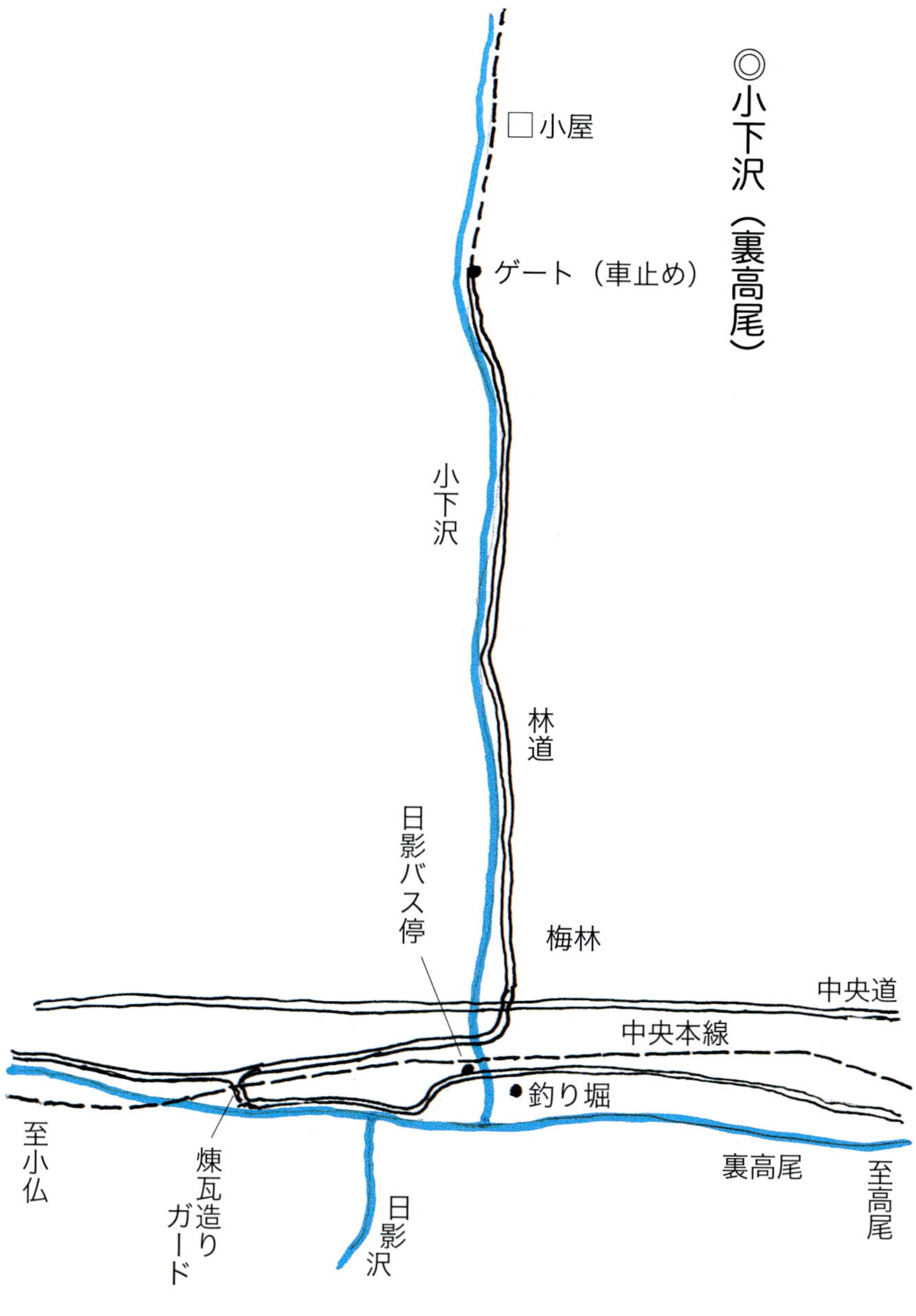
◎小下沢（裏高尾）
小屋
ゲート（車止め）
小下沢
林道
日影バス停
梅林
中央道
中央本線
釣り堀
至小仏
煉瓦造りガード
日影沢
裏高尾
至高尾

## (2) 青梅市　入川谷

青梅線古里駅下車―青梅街道と吉野街道の合流地点から奥多摩方面に約1キロメートル進み右折―1・2キロメートルで釣り場(途中、採石場を通る)

砕石場を通って沢に入ると、平坦な沢が見えてくる。しばらく釣り上がっていくと、伏流《ふくりゅう》で水がなくなる。15分も歩くと、水量も増えてきて、さらに釣り上がると布滝に到着。このあたりの杣道は右岸にあり、友人は間違えて鳩ノ巣へ下りてしまったことがあるという。ヤマメ釣りの沢である。

以下、本文中で「左岸」「右岸」という時は、川の流れに沿った使い方をしている。つまり、上流から下流を見た時の左右である。テン釣りでは、通常、下流から上流に向かって釣り上がっていくが、その向きで左岸・右岸を捉えないように注意されたい。

## ◎入川谷

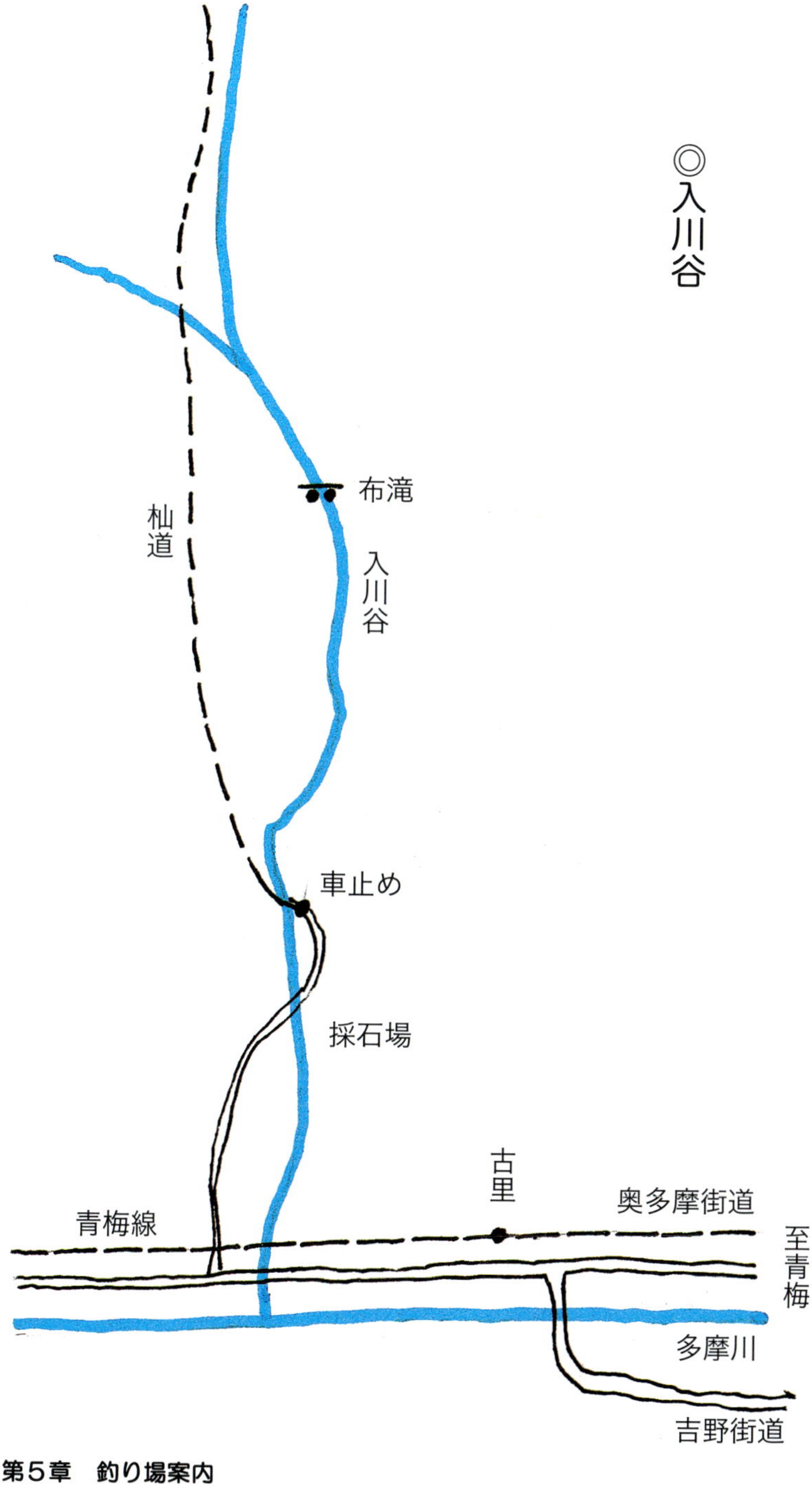

## （3）奥多摩町　小川谷

青梅線奥多摩駅下車—日原行バス—大沢国際ます釣り場—終点日原バス停下車（30分）—日原鍾乳洞方面に30分ほど歩く（全体図は121頁参照）

・小川谷中流部

日原鍾乳洞を過ぎ、下に見えるわさび田あたりは林道と沢が近くで、3、4分で沢に降りることができる。このあたりから上流部になると平坦で両岸に木が茂り、盛夏には暑さ知らずで危険なところはない。

数年前、このあたりで大岩の向こうに毛バリが隠れ、から合わせした時、一気に引き込まれた。釣り上げると、40センチ弱のイワナだった。上流ではイワナがいるが、こんな下流でイワナを釣ったのは初めてだった。

カロー谷を右に見ながら進むと賀廊橋に到達。ここから上流は開けた釣り場で、左岸林道は沢沿いにあり、滝上谷合流あたりまではどこまでも入渓しやすい。さらに釣り上がっていくと吊り橋が見えてくる。その少し上流右岸にわさ

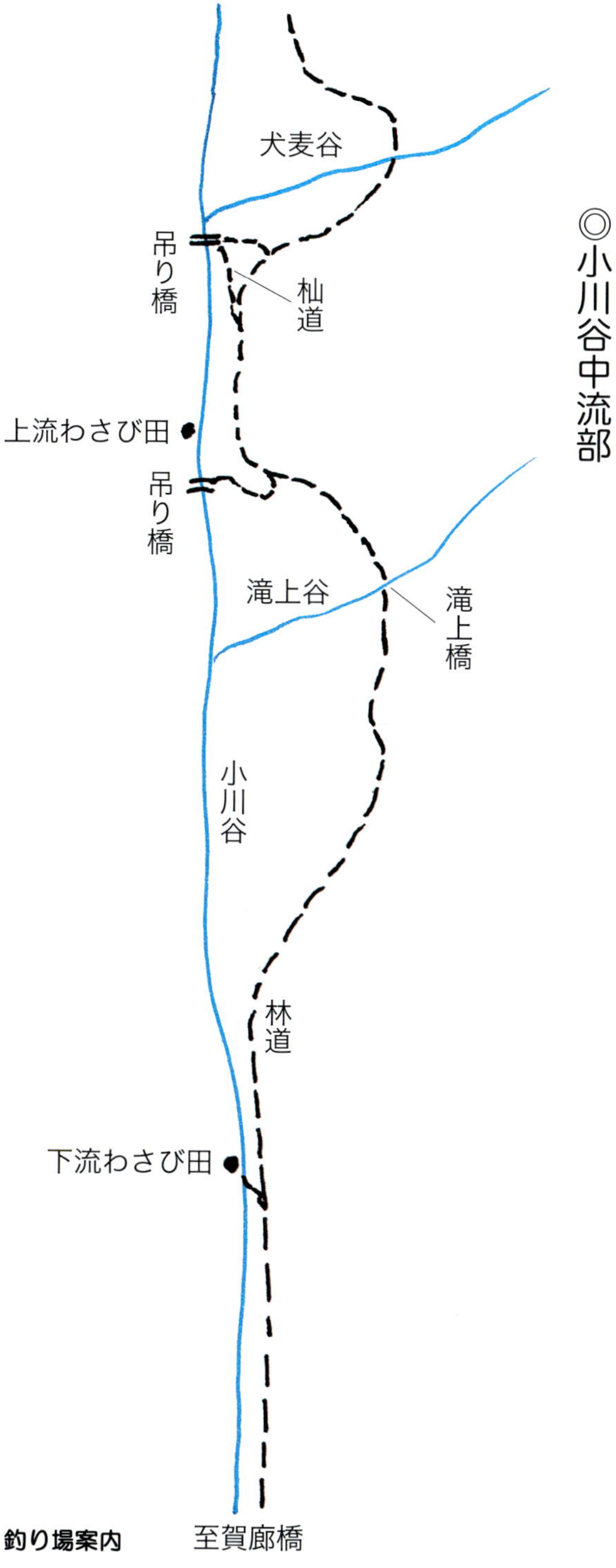
◎小川谷中流部
犬麦谷
吊り橋
杣道
上流わさび田
吊り橋
滝上谷
滝上橋
小川谷
林道
下流わさび田
至賀廊橋

び田がある。この上の淵で友人が見つけておいた尺ヤマメを、他の人が釣ってしまったこともあった。これより先は杣道と沢との落差が大きい。次の吊り橋が犬麦谷の合流する地点にあり、ここも平坦で釣りやすいポイントだ。

・カロー谷

さっき通り過ぎたカロー谷も良質の釣り場だ。賀廊橋の左岸よりカロー谷が合流している。橋を渡り、たもとをカロー谷側へ降りる。日中でも暗い小沢で水量も少ないが、魚影は濃い。途中1か所、ロープがあるが、左岸の高巻きの踏み跡をたどれば危険ではない。

3、4時間釣り上がると、右岸の杣道が合流。そこで上を見ると滝の上に丸太橋がある。右岸に杣道があり、丸太橋を渡ってさらに上流へ。ここで杣道は左岸に移る。下流部の杣道は沢と離れるが、このあたりから上流は杣道と沢が平行している。上流部はイワナとヤマメの混生。帰りは上流部より小尾根を回る道を使い、先に通った滝の下から杣道を帰る。水量の少ない沢なので、雨上がりの少々水量の多い日が釣果につながる。

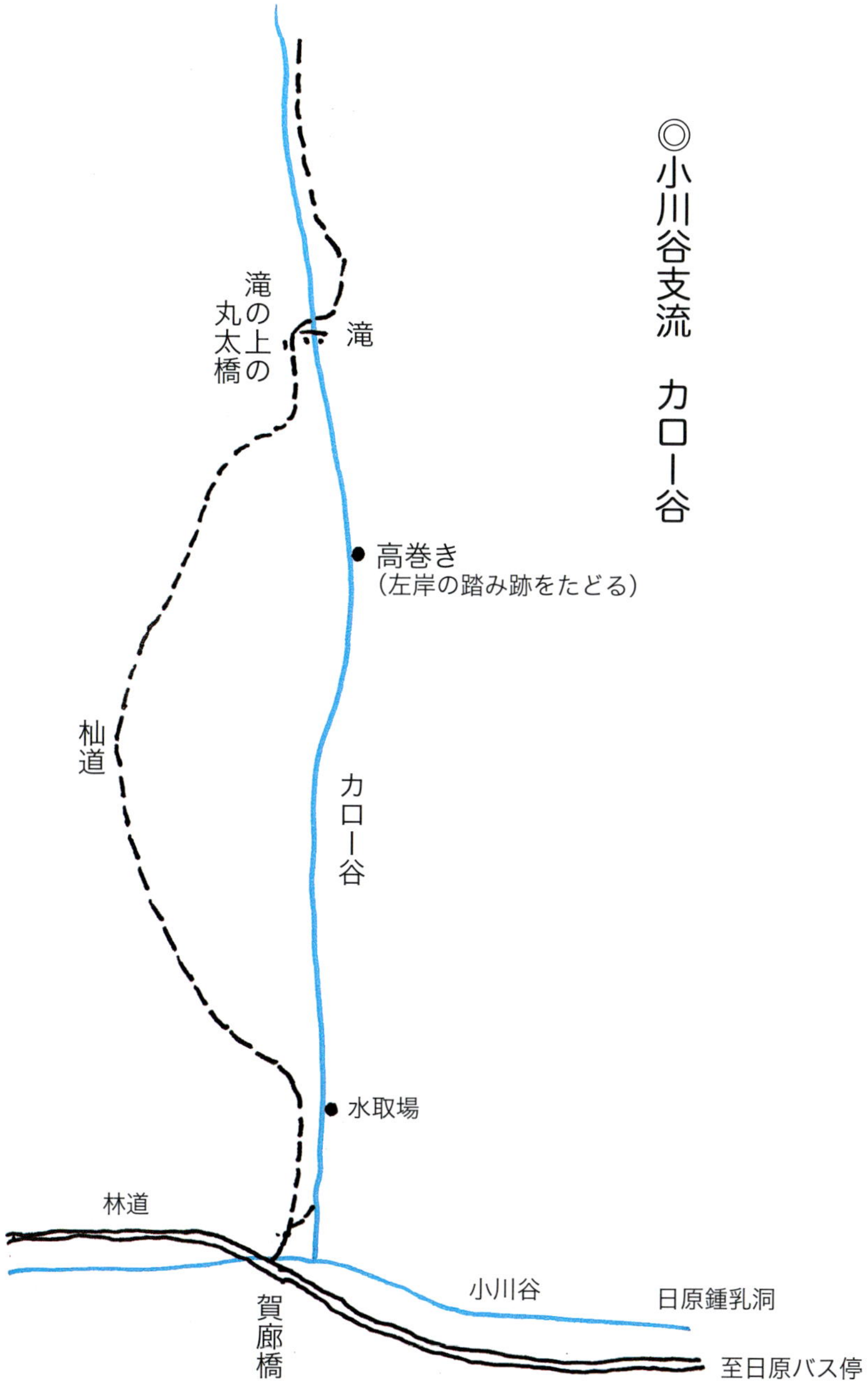
◎小川谷支流　カロー谷
滝の上の丸太橋
滝
高巻き
（左岸の踏み跡をたどる）
杣道
カロー谷
水取場
林道
賀廊橋
小川谷
日原鍾乳洞
至日原バス停

・小川谷上流部

犬麦谷合流地点に吊り橋があり、この上流は林道と離れる。左岸に杣道あり。平坦な釣り場を過ぎると、淵の中央に馬の瀬のような、そこしか通ることができない地点に至る。ある釣行の際、ここで青大将が横になって動かない。一瞬ヒヤリとしたが、頭を足で踏みつけて沢の中に流した。昔、近所のおじさんが、蛇は人間を覚えるからと、目をつぶして堀に流したのを思い出した。

このあたりから上流もポイントが多い。釣り上がると、大石がゴロゴロとしている地点に至る。さらに進むと三股《みまた》に到着。ここより左岸林道に出る杣道がある。この三股では沢が3本に別れ、それぞれとりい谷・滝谷・悪谷という。この上流はイワナの釣り場。三股より林道までは20分程で出られる。

滝谷の合流地点で60センチのイワナを釣った話を聞いた。この沢で雨上がりに林道を歩いていた時、山椒魚を取ったこともある。台風の後に釣行した帰り、林道を歩いていると、三つ葉つつじが林道に落ちていた。持ち帰って家の庭に植えたら、盆栽のようなつつじが咲いた。今も立派に花を咲かせている。

# ◎小川谷全体図

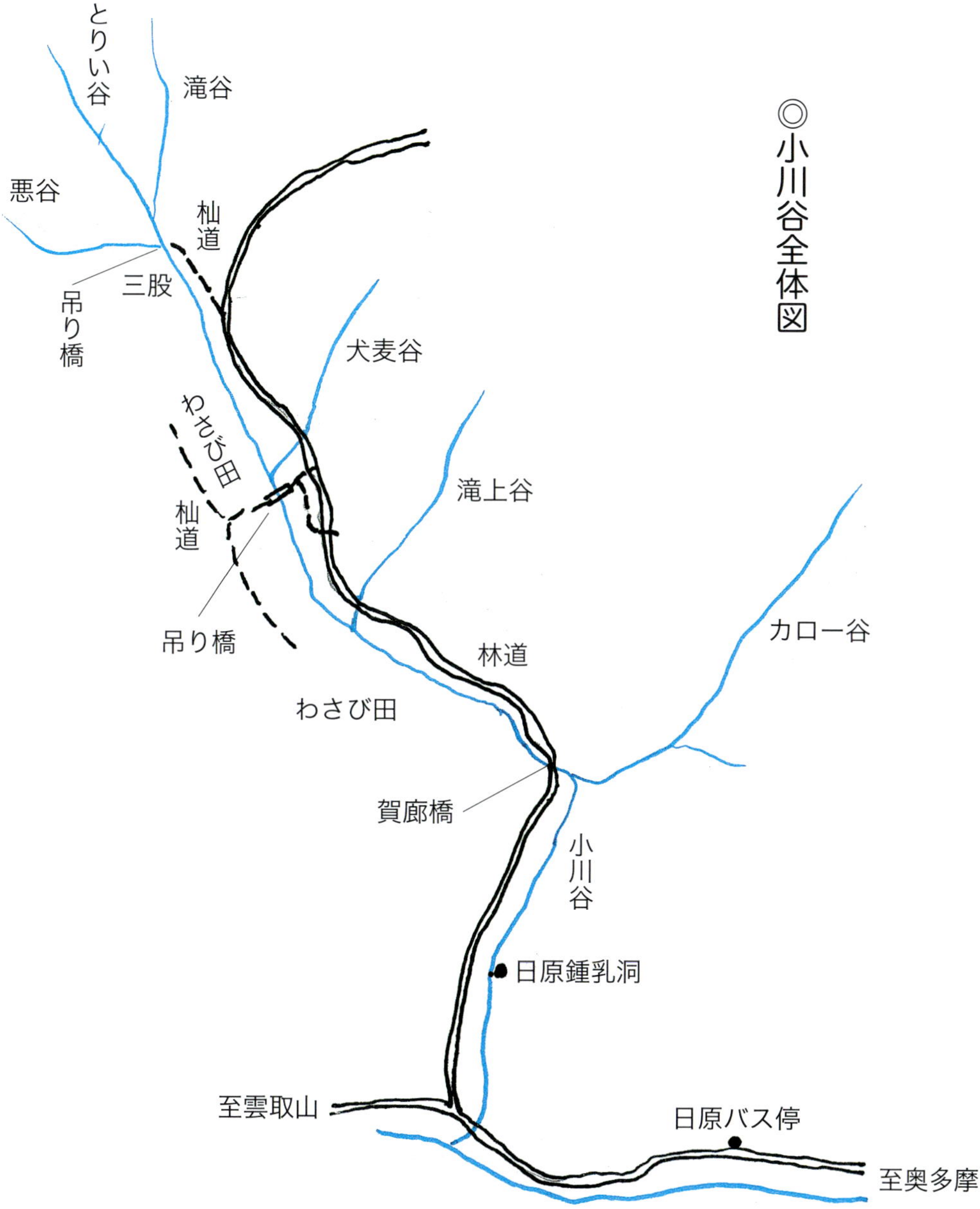
とりい谷
滝谷
悪谷
杣道
三股
吊り橋
犬麦谷
わさび田
杣道
吊り橋
滝上谷
カロー谷
林道
わさび田
賀廊橋
小川谷
日原鍾乳洞
至雲取山
日原バス停
至奥多摩

## （4）奥多摩町　日原川

青梅線奥多摩駅下車—日原行バス—川乗橋バス停下車（15分）—少し戻って林道を入ると川苔川

・支流　川苔川

日原川との合流地点より最上流まで釣り場になる。聖滝上流で合流する支流の逆川はヤマメの釣り場である。聖滝は沢登でも通れない悪場で、右岸に登って中段を進むと、岩のエグレにロープがある。注意して通るべき難所だ。少々遠回りしても林道に上がり、先の杉山を下って行くのがいい。15分もかからないので、無理することはない。この滝の上あたりは魚も濃いようだ。

橋より上流は、沢沿いにハイキングコースになっている。上流に名所百寿滝がある。滝上に車止めがある。その先で沢は二つに別れ、左の沢は桂谷、右の沢は塩地谷。このあたりはイワナがよく釣れる。

# ◎日原川支流　川苔川

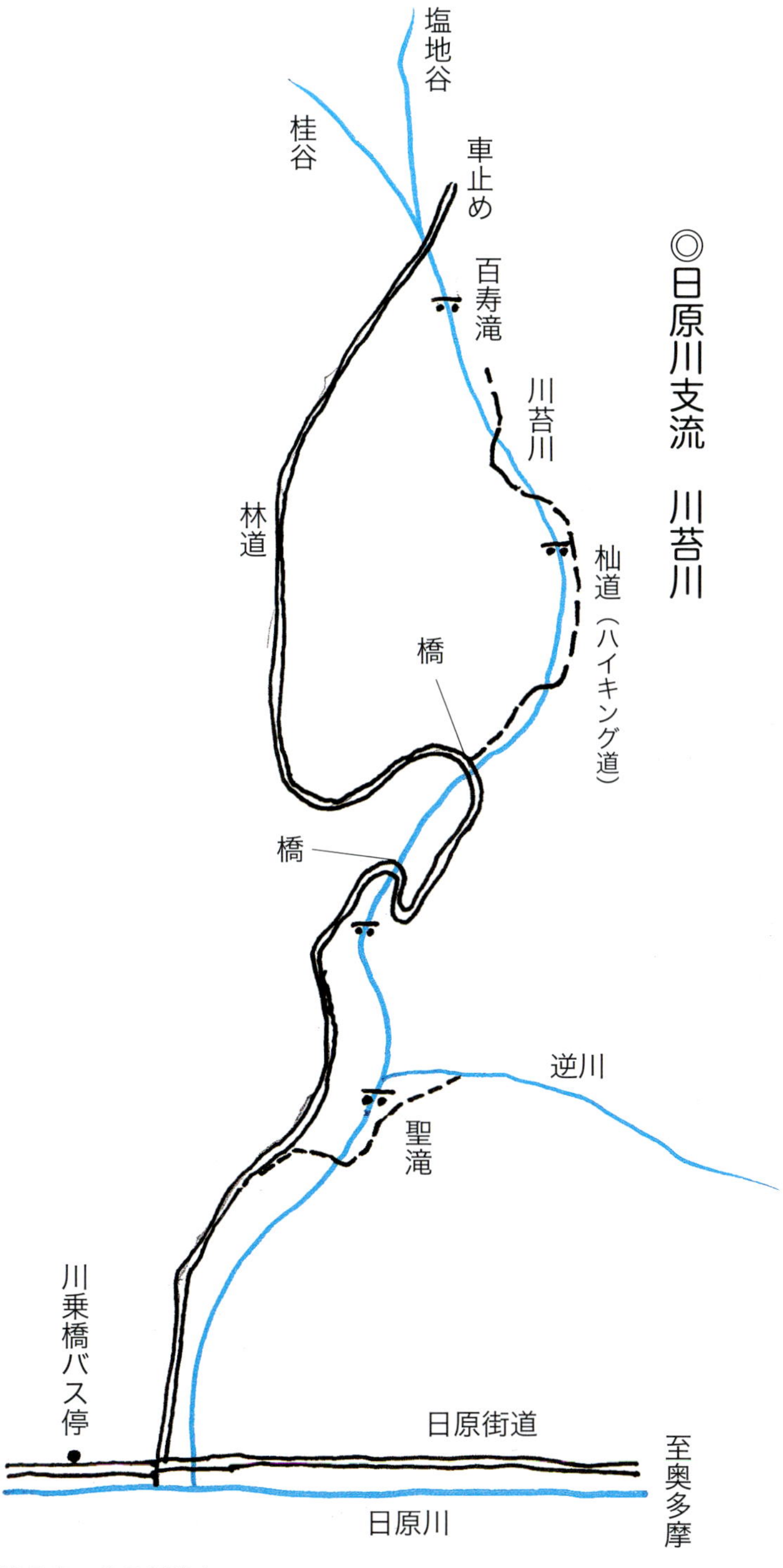
塩地谷
桂谷
車止め
百寿滝
川苔川
林道
杣道（ハイキング道）
橋
橋
逆川
聖滝
川乗橋バス停
日原街道
至雲取山
至奥多摩
日原川

・支流　倉沢

川乗橋バス停を過ぎ、次の倉沢バス停で降りると、日原川の支流の倉沢が流れている。倉沢橋のたもと付近に車3、4台が停められる広場がある。そこから7、80メートル先のガードレールの切れ目から沢へと入っていく。小尾根の踏み跡を頼りに下る。この沢は下流域がよい釣り場で、小沢なので少々水量の多い時に釣果が上がるようだ。

車止め下で沢は2本に別れ、左は滝が二つある小金沢。右の沢は長尾谷。この両方の沢はイワナの漁場。この沢の上流には伏流《ふくりゅう》があり、しばらく歩くと堰堤がある。この下のたまりで尺上《しゃくがみ》（30センチオーバー）を5匹釣ったのを覚えている。この沢は踏み跡をたどって歩けば特に危険はない。

# ◎日原川支流　倉沢

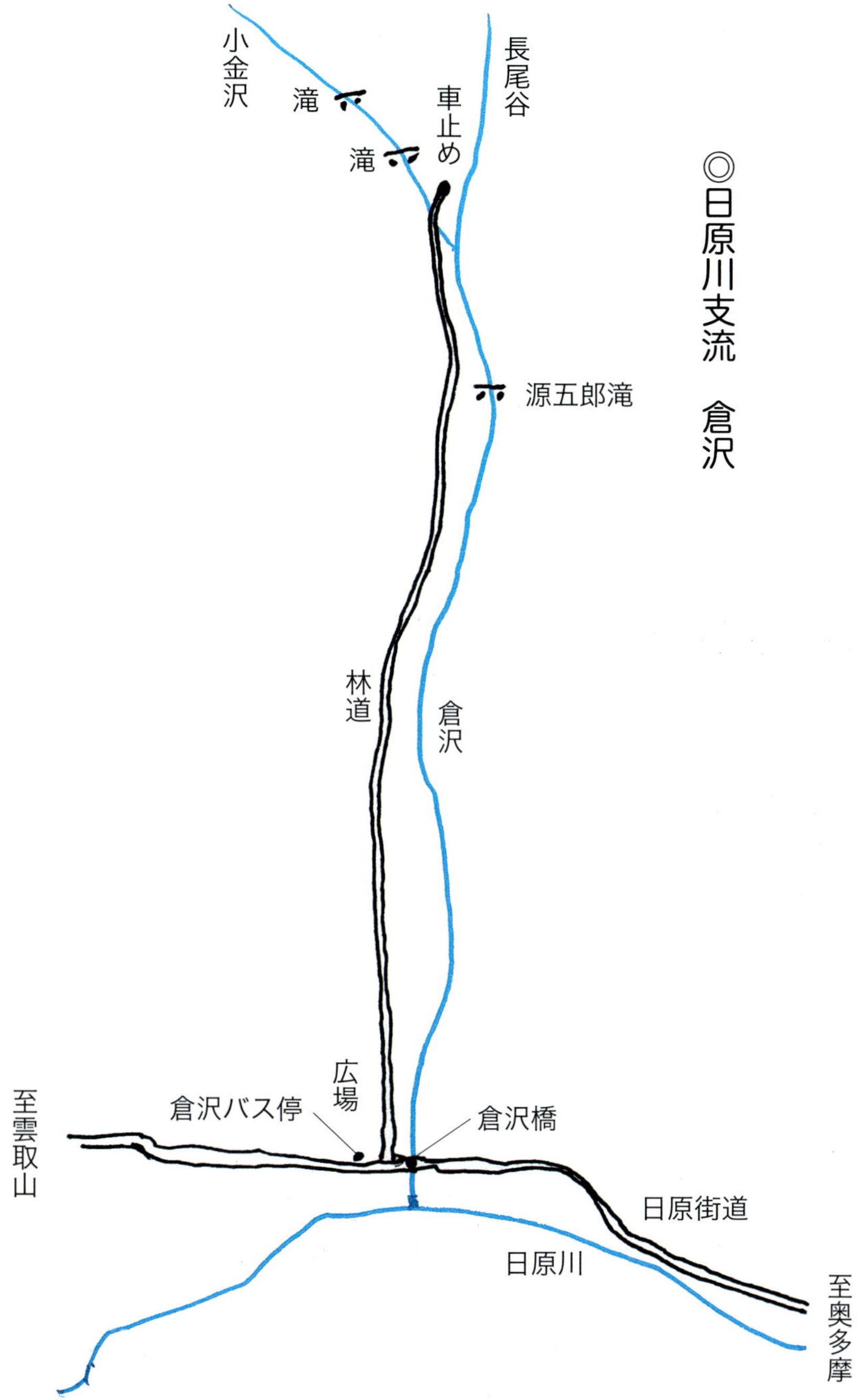

## （5）奥多摩町　奥多摩湖　水根沢

青梅線奥多摩駅下車―丹波行バス―水根バス停下車（15分）―青梅街道を丹波方面に少し歩くと右手に林道あり

奥多摩湖下に流れ出すところより釣りはできるが、下流部に悪場があって危険。最近は林道がのびたので、林道終点まで行き、15分も歩けば悪場の上に出られる。沢沿いにわさび田が3、4か所あり、下流部は左岸上に杣道がある。途中、小さい滝が1か所あって右岸を高巻く。この高巻きの途中、カタクリが群生している。このあたりから左岸上の杣道は沢と近くなり、この先で川の右岸がわさび田となる。沢は明るくなる。

その上流で杣道が左岸より右岸に移り、杣道沿いの沢となる。上流は沢がわさび田になり、右岸の杣道は3メートルぐらいの滝の上を渡る。このあたりはわさび田の中で釣りをするようなところだ。

この沢はポイントが多く、特に危険な場所はない。杣道より沢に入るには踏

# ◎奥多摩湖　水根沢

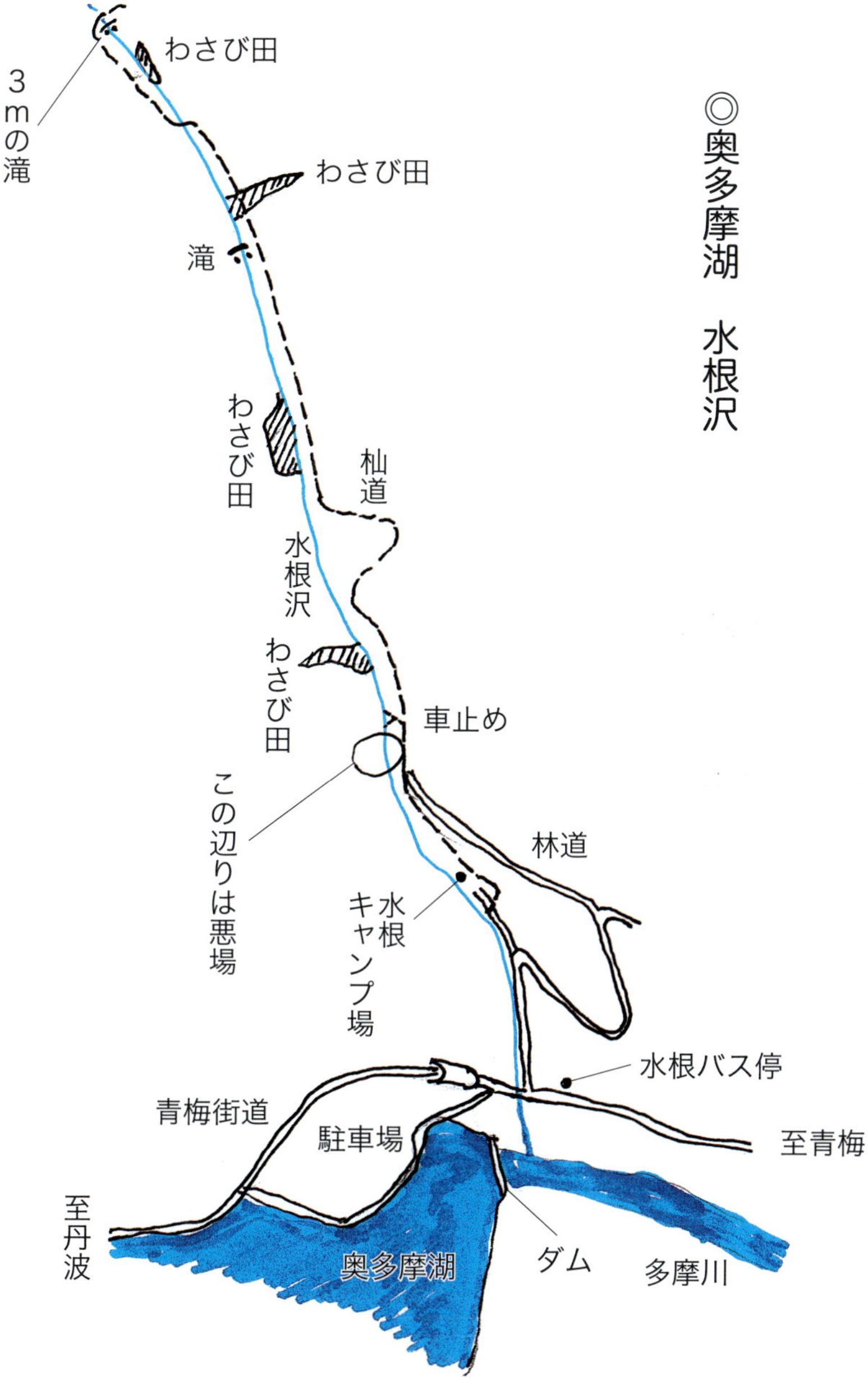
わさび田
3mの滝
わさび田
滝
わさび田
杣道
水根沢
わさび田
車止め
この辺りは悪場
林道
水根キャンプ場
水根バス停
青梅街道
駐車場
至青梅
至丹波
奥多摩湖
ダム
多摩川

み跡を見ればよい。たくさんある。

わさび田のおじさんに声をかけて話すと、40年前、狩猟で自宅へ泊まらせていただいた小菅村の島崎さんだった。水根の出身で、数キロ離れた小菅村に所帯を持ったそうだ。また、わさび田横で若い衆が潜って50センチ近いヤマメを取っていった話を聞いた。卵を産めないヤマメは何年も生きて大きくなると知っていた。

## (6) 山梨県　後山川

青梅線奥多摩駅下車―丹波行バス―お祭バス停下車（40分）―丹波方面に少し歩いて右折―後山川とその支流が約7キロにわたって続く

この沢は全体に釣れるが、二重滝下の吊り橋あたりより上流が魚も濃く、釣りやすい。特に笛ヶ滝の上の御岳沢合流あたりより上流は平坦な釣り場となり、沢は明るく、テン釣りには最高のポイントが続く。本流は水量も多く、魚影も濃い。11時から17時頃まで毎週のように30から50匹ぐらい釣っても釣果は変わらない。少々型が落ちるぐらいで魚は多いまま。

・支流　片倉沢

この沢は後山川最初の支流（132頁参照）。林道を進むと片倉橋があり、渡ると右側に杣道がある。小さな沢だが、ヤマメ釣りが楽しめる。杣道を上がると、鴨沢へ流れ出す小袖川の杣道と出会う。今は沢の下にゲートがある。ゲート下には駐車場スペースがある。

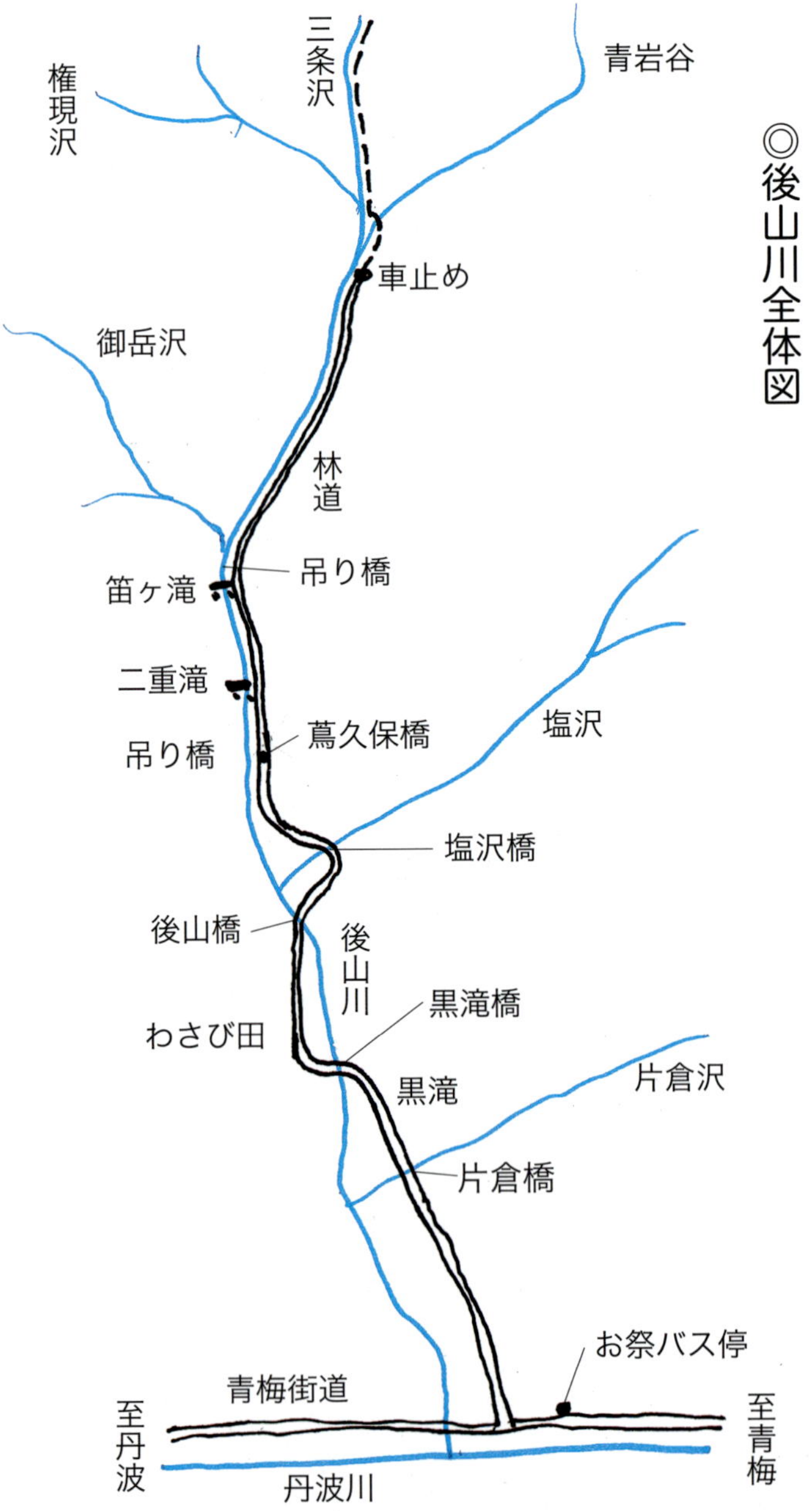
◎後山川全体図
三条沢
権現沢
青岩谷
車止め
御岳沢
林道
吊り橋
笛ヶ滝
二重滝
蔦久保橋
吊り橋
塩沢
塩沢橋
後山橋
後山川
黒滝橋
わさび田
黒滝
片倉沢
片倉橋
お祭バス停
青梅街道
至丹波
至青梅
丹波川

・名　所

片倉橋を渡って杣道に入らず、そのまま林道を進むと名所に着く。この下に細い立木が林道より上に伸びている。交尾のためだろうか、この木に蛇が上がり、多数の蛇がだんご状になっているのを見た。こういう時は下の岩場や林道に蛇のいることが多い。林道のために作った石垣の下に蛇の住まいがあるようで、小さい穴から首を出していることがある。

・支流　塩沢

塩沢橋を渡ってたもとを右に入ると林道があり、入り口に鎖が張ってある。林道へは入ることができない。沢に下りると小さい高巻きがいくつかあるが、よく見るとロープが張ってある。ロープは自分で用意してきてもよい。踏み跡をたどれば危険な場所は少ないが、注意したい。水量もあり、テン釣りには最高の釣り場だ。中流部の杣道は右岸中段にある。4、5時間釣り上がると、右岸に大きなわさび田の跡が出てくる。そのわさび田沿いに上がれば15～20分で杣道に出られる。杣道はよく整備されている。このわさび田の少し上流に3

◎後山川支流　片倉沢

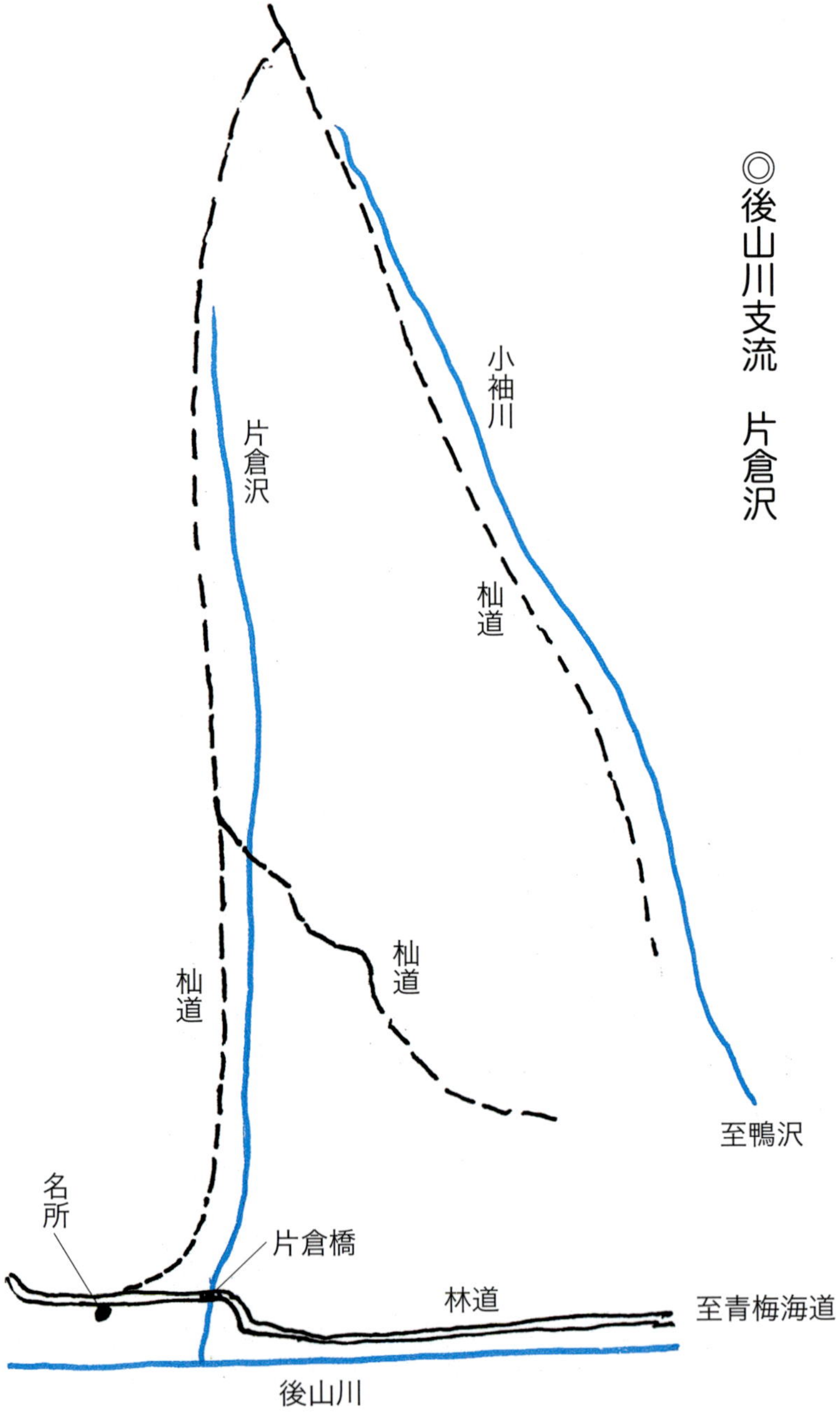

# ◎後山川支流　塩沢

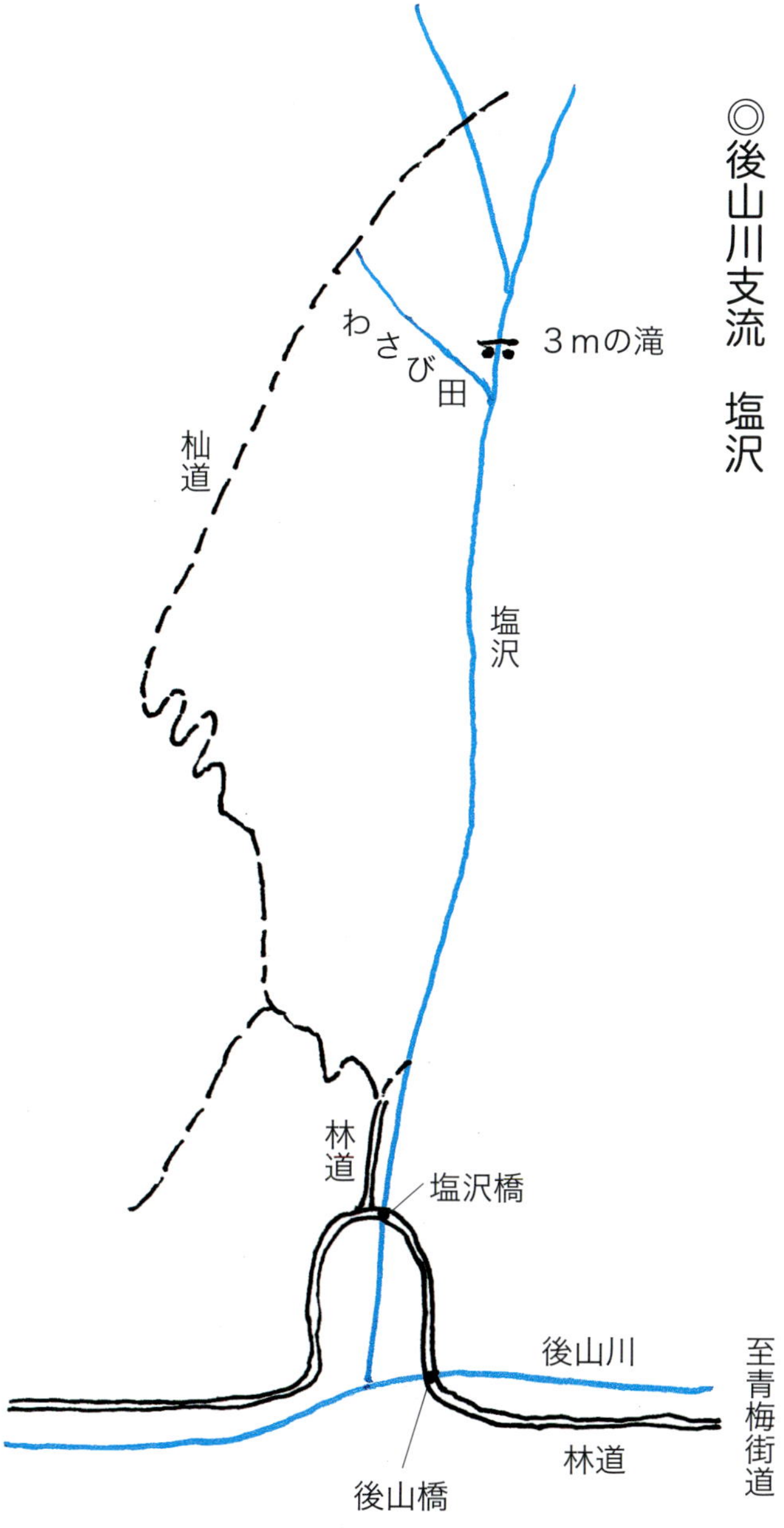

メートルほどの滝があり、その2、300メートル上が魚止めのようだ。さらに上流で沢が2本に別れて、左の沢を上がると杣道に出会う。夕方には後山林道塩沢橋より上流はよい釣り場になる。

・支流　青岩谷

後山林道の車止めの下に吊り橋がある。その下を流れる青岩谷はヤマメとイワナの混生の沢。ここを釣り上がる途中、青岩滝があり、左岸を高巻いて進む。やがて沢の左側に、青岩鍾乳洞入り口が見えてくる。人間の背丈ほどの洞穴だが、鉄格子がしてあって中に入ることはできない。この鍾乳洞の前で右岸より杣道がある。帰りはこれを登って雲取山登山道に出て、三条の湯の横を通る。この沢の下流部はヤマメとイワナの混生、上流部はイワナ釣り場である。

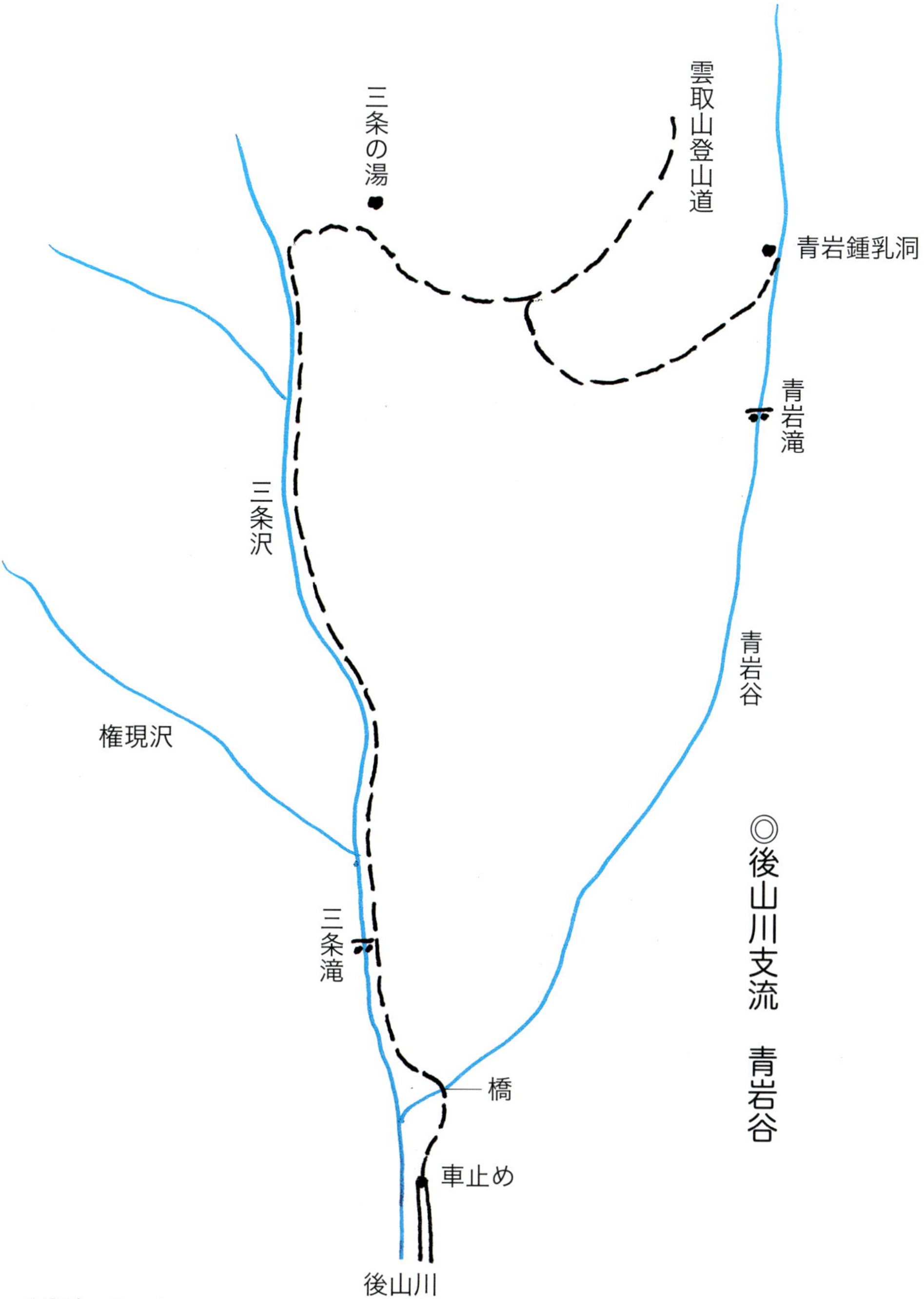
雲取山登山道
三条の湯
青岩鍾乳洞
青岩滝
三条沢
青岩谷
権現沢
◎後山川支流　青岩谷
三条滝
橋
車止め
後山川

## (7) 山梨県　泉水谷支流　小室川谷

青梅線奥多摩駅下車—丹波行バス—終点丹波バス停下車(1時間)—青梅街道を8キロメートルほど西進して左に見える三条新橋を渡る—泉水谷沿いに2キロ登る—小室川谷の合流地点に着く

「丹波に泉水あり　泉水に小室あり」といわれた渓流釣りのメッカである。泉水の本流に吊り橋があり、上流部へ入渓するにはこの橋を渡って杣道を進むが、合流地点から釣り上がる場合は吊り橋の下流へ下りる。踏み跡をたどると合流地点に出る。小さい高巻きや滝の上に出るロープなどがある場所を通り、平坦な釣り場に出ると左岸上に杣道が見える。その先に進むとS字峡があり、滝下30メートルぐらいに上がり口のロープがある。踏み跡をたどるとオーバーハングがあり、S字滝の上を通って、先の切り立ったところを木につかまりながら下りる。下に下り、1・5メートルぐらいの対岸へ飛び移り、先に進む。このS字峡のあたりの左岸に小尾根がある。ここは入渓や帰りに、杣道へ上が

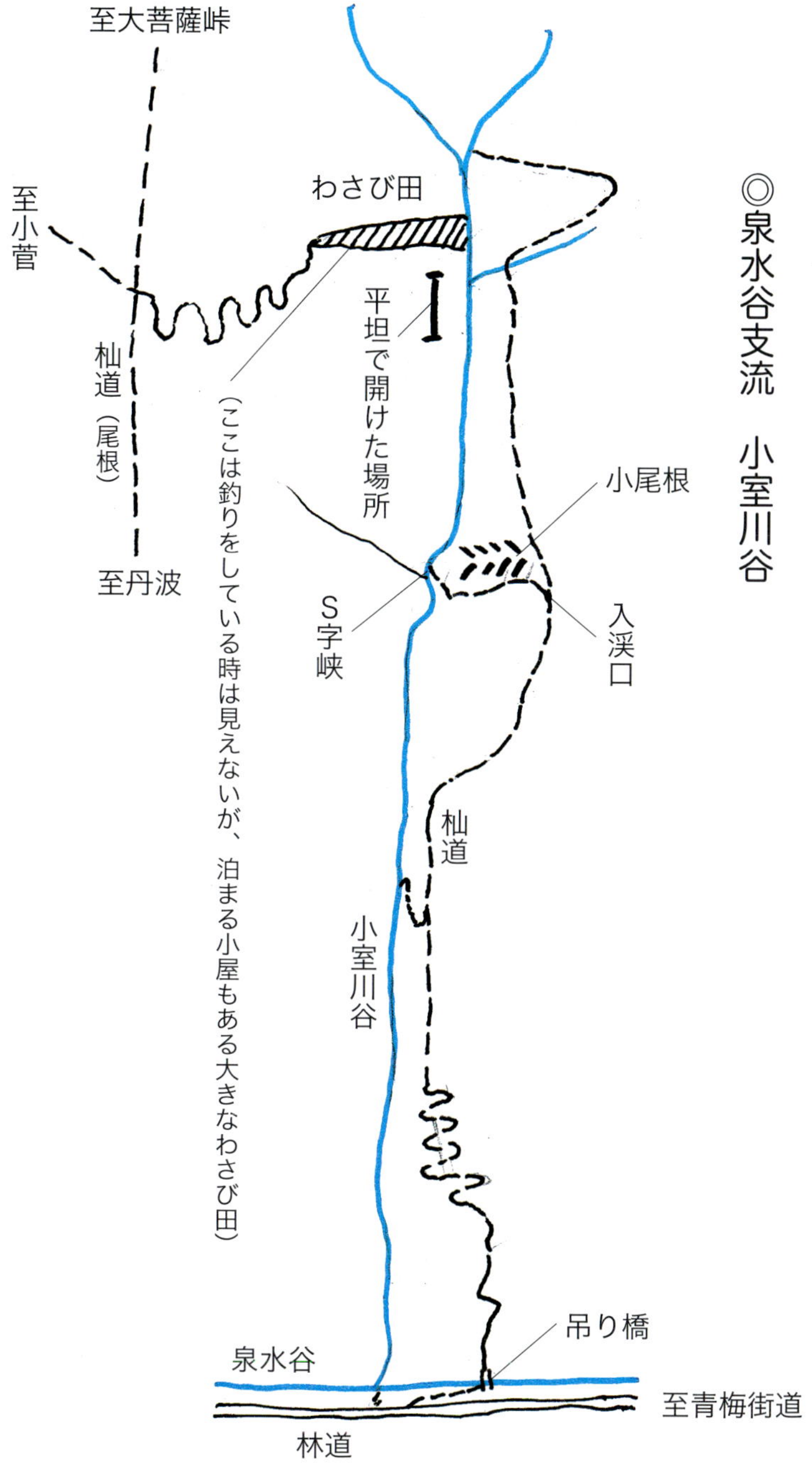
◎泉水谷支流　小室川谷
至大菩薩峠
至小菅
わさび田
平坦で開けた場所
杣道（尾根）
至丹波
（ここは釣りをしている時は見えないが、泊まる小屋もある大きなわさび田）
小尾根
S字峡
入渓口
杣道
小室川谷
吊り橋
泉水谷
至青梅街道
林道

るのに適した場所だ。早足で8時間程かかる。釣り上がると開けた平坦なところに出る。左岸に小沢があるので、帰りはそこを上がって帰る人が多い。

上流は2本に別れ、右の沢の少し上に尾根に上がる杣道がある。この杣道を登り、途中を右に下ると、平坦な所に流れ出す沢筋に出る。源流部上は大菩薩峠である。

# 釣り場案内・上級

近くの川で慣れてきたら、今度は少し足を延ばして遠征に出かけてみたい。遠征は一人よりも大勢の方が楽しい。車に分乗して、道中、釣り談義で盛り上がったり、道具を忘れてしまっても貸し借りできる。友の釣果に大いに刺激されるだろう。楽しく切磋琢磨したいものだ。

（1）神奈川県　早戸川

横浜線橋本駅下車—相模湖行バス—鳥屋バス停下車（35分）—徒歩で早戸川国際マス釣り場を目指す（1時間半）

※徒歩は無理があるので車が無難

・早戸川本流

マス釣り場を右に見て橋を渡り、車止めまで進む。小沢づたいに登り、沢を渡って杣道を行くと、林業のための小屋横を通り抜ける。その先を30分程車で進んでから沢に下りる。水量も多く、川は開けて明るい沢。

先に釣り上がると2本に別れる。右の沢は雷滝、左の沢は早戸の大滝。両沢とも上流はイワナ。大物が期待できそうな沢だが、釣り人も多いのですれた魚ばかりだ。このあたりの沢は開けているので、小々雨降りの時などは食いがよい。日曜日などは人も多い。平日で条件がよいと良型が期待できる。

・支流　ましこや沢

入渓は早戸川上流から。マス釣り場の魚止めの先に堰堤があり、その上の林道に車を止めて堰堤下へと下る。川沿いに本流を下ると、左岸よりましこや沢が入っている。沢横を登り、上の平場に出て釣り始める。途中、左岸より荒沢が合流。先に釣り上がると、荒沢の車止めより入る杣道が横切る。その先に大滝がある。数年前の釣行で友人がこの滝の右岸を登る途中、25メートルも下に

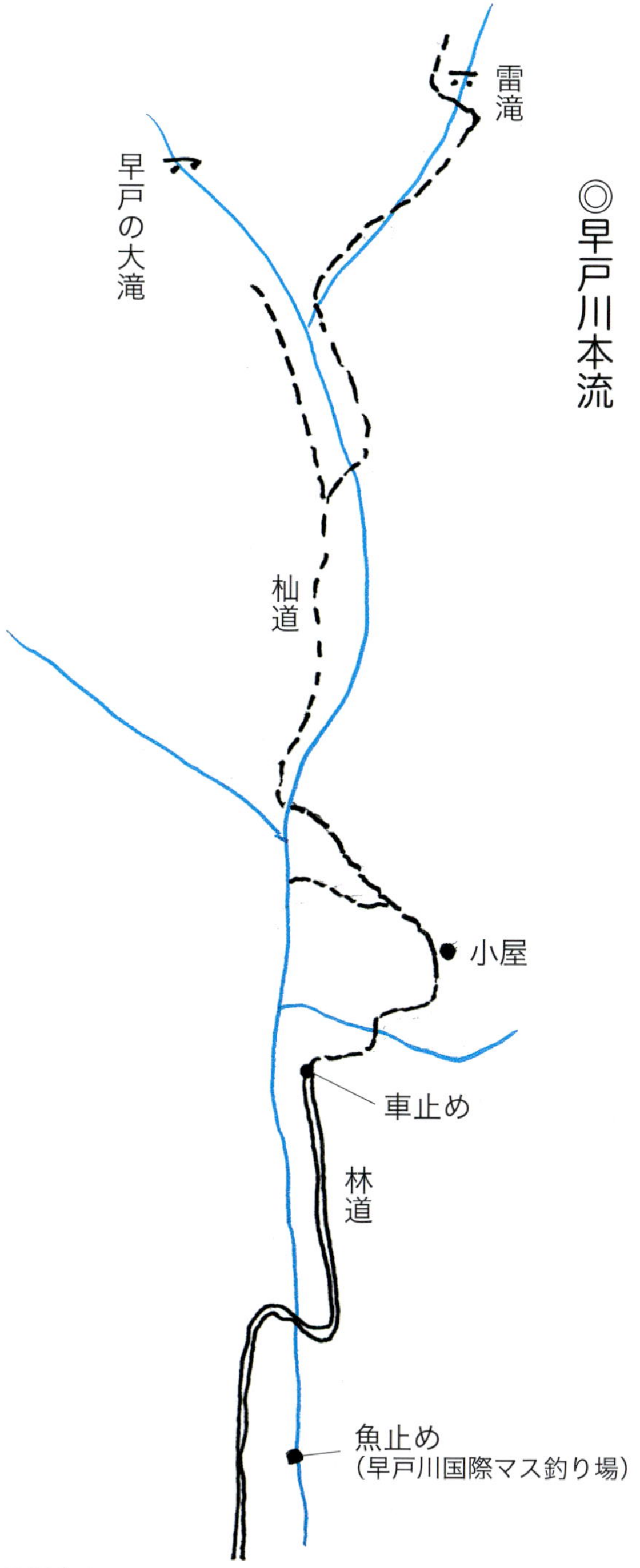
◎早戸川本流
雷滝
早戸の大滝
杣道
小屋
車止め
林道
魚止め
(早戸川国際マス釣り場)

落ちそうになった。あの時落ちていたら世間が静かになっていると、冗談に話している。

この沢は特に危ない場所はない。滝上で左岸に杣道があり、帰りは荒沢の車止めを回って荒沢左岸の尾根に合流し、下り道を帰ると歩きやすくて早い。3メートルの魚止め滝の上は赤土の堀石が一切ない。ここにヤマメの卵を川に持ち入れて孵化させる人がいて、魚影は濃く楽しい釣り場だが、今は場荒れしているようだ。

このあたりの沢は山ヒルが多いので、梅雨時期は気をつけたい。ヒルに食われると、しばらく血が止まらないが、毒はない。治る時に少々かゆみがある。元は楊枝ぐらいで、人の血を吸うと箸ぐらいの太さになる。ヒルはカメと同じで一枚歯だという。また、どこの沢でも解禁当初は鹿の繁殖期で、鹿同士で喧嘩をして死骸をよく見る。軽い替え刃のこ刀を持っていると便利。鹿の角を持ち帰ることができるし、ヤブコギも可能だから、多方面に利用できる。

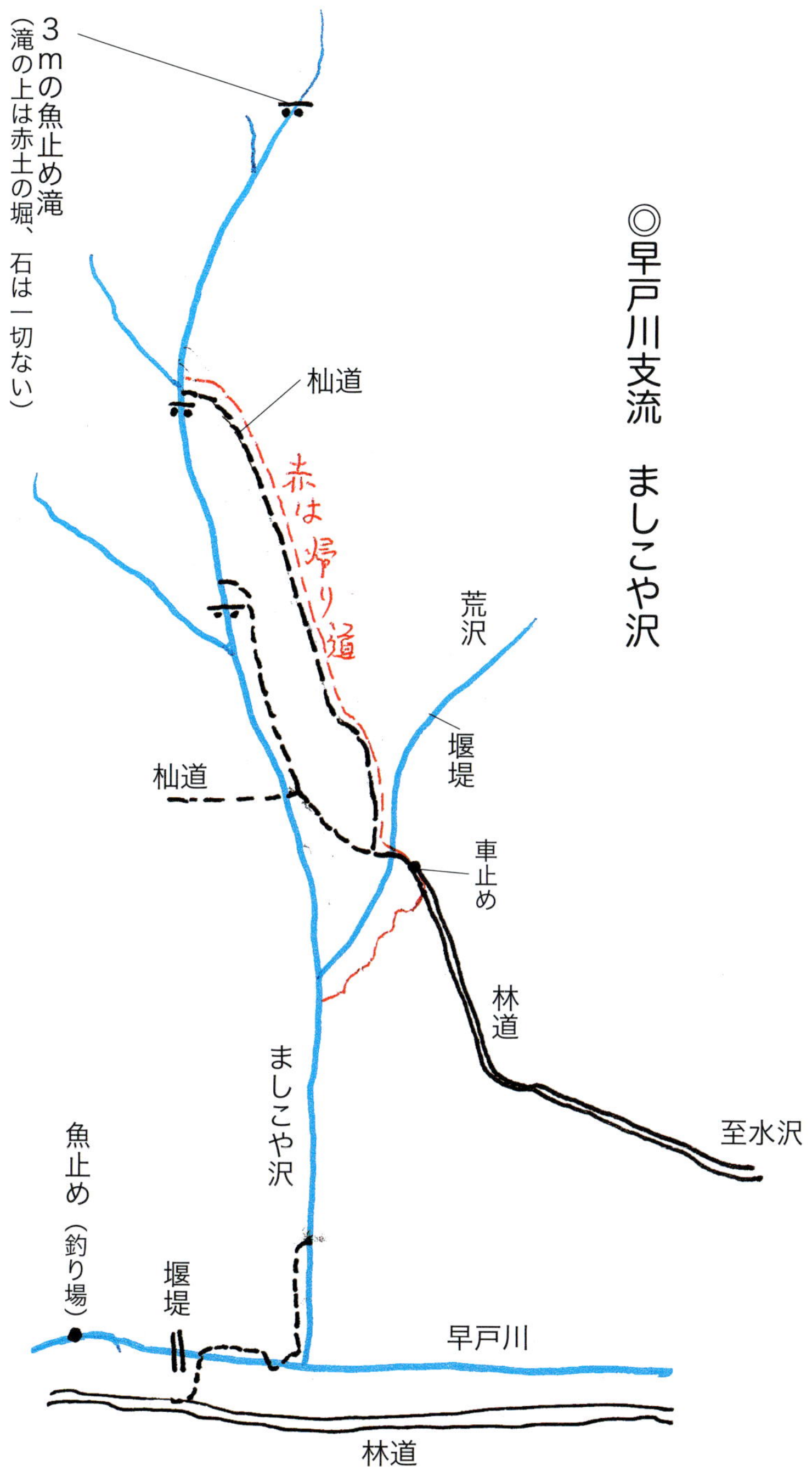
◎早戸川支流　ましこや沢
3mの魚止め滝
（滝の上は赤土の堀、石は一切ない）
杣道
赤は帰り道
荒沢
堰堤
杣道
車止め
林道
至水沢
ましこや沢
魚止め（釣り場）
堰堤
早戸川
林道

## （2）山梨県　葛野川《かずのがわ》支流　奈良子川《ならこかわ》

中央本線猿橋駅下車―葛野川沿いに約3キロメートル上り下瀬戸を左折―車止めまでさらに3キロで奈良子川

※ゲートより上流は堰堤が多い

人家の終わるあたりより上流はよい釣り場。昔は幅広のヤマメで有名だった。山椒沢とにかい谷を過ぎ、昔の水車小屋の後を通ると車止めに到着。これより上流は堰堤が多いが、魚は濃い。右岸に上流部まで続く林道があり、帰りは林道を下っていけば早く帰れる。

ある時、友人と2人で車止めに車を止め、歩いて林道を下った。すると、「熊、熊！」と友人が慌てる。上を見ると、林道上20メートルぐらいの木に登っている。私たちに気づくと、一気に木から下りて山の上へと登っていった。

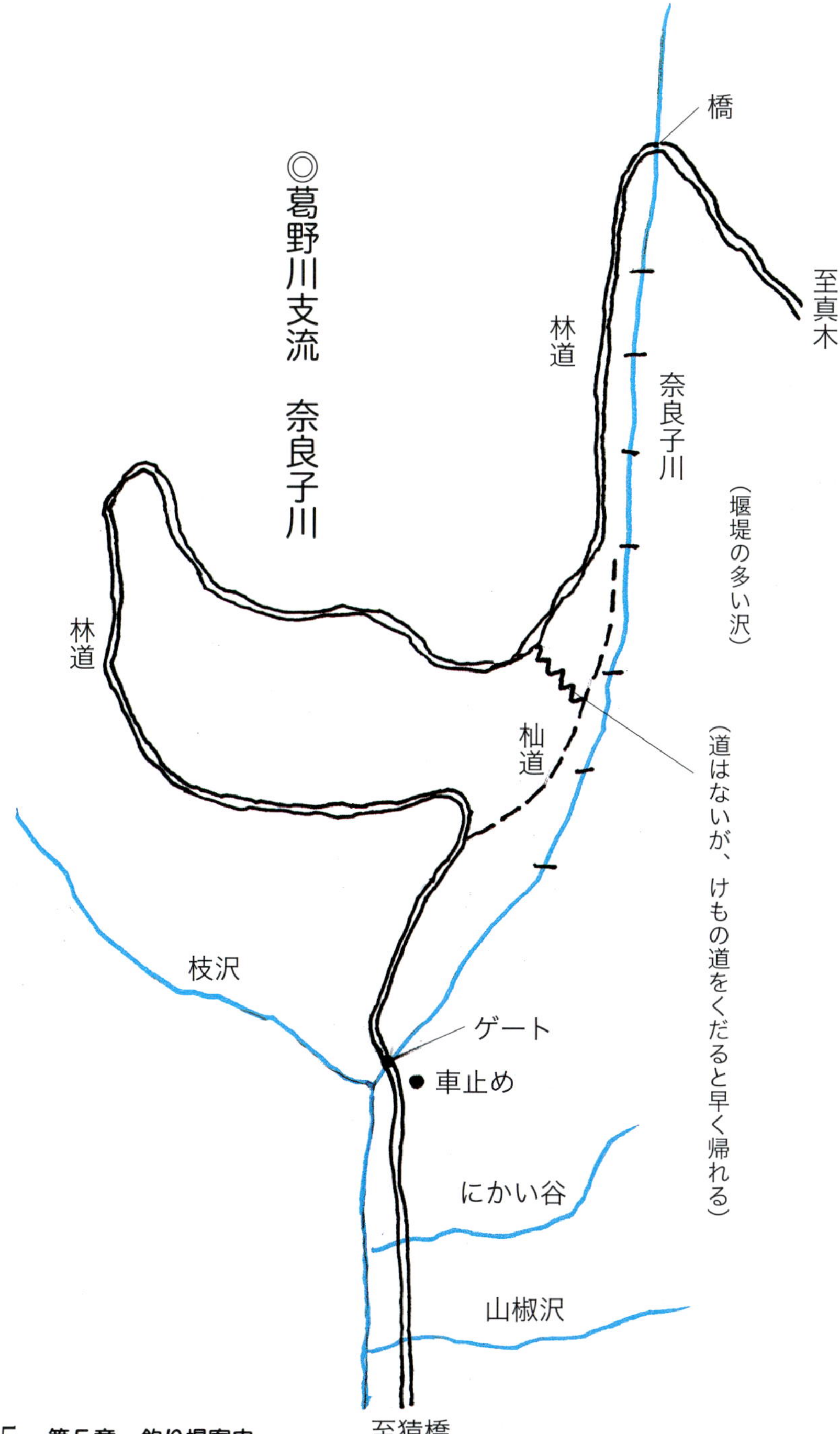
◎葛野川支流　奈良子川
橋
至真木
林道
奈良子川
（堰堤の多い沢）
林道
杣道
（道はないが、けもの道をくだると早く帰れる）
枝沢
ゲート
車止め
にかい谷
山椒沢
至猿橋

## （3）長野県　大岳川

小海線野辺山駅前―141号線を佐久方面へ―清水町交差点を左折してメルヘン街道に入る―大石川と合流する石堂川沿いにひたすら上がる

※野辺山駅から車で約2時間

千曲川支流の大石川、さらにその支流の石堂川、またその支流の大岳川。その下流部に発電所があり、大物撃ちの友人が管理している。この友人は沢に蜂蜜取りの箱を置いているが、熊に壊されたという。また、地元の長老がイワナ釣りをしていると、対岸で熊が寝ていて目をパチパチしていたそうだ。そんな話をたくさん聞いたことがあった。解禁当初は、手負いで山に登れない熊や猪がいないか、地元のハンターなどに聞くのもよいと思う。

この沢で釣り途中、後ろから追いついてきた釣り師に話をすると、我が家から300メートル程近所の人だった。また、友人と釣り途中に、置き竿に尺上のイワナが掛かり、6メートルの竿がガラガラと1メートルぐらい動いたこと

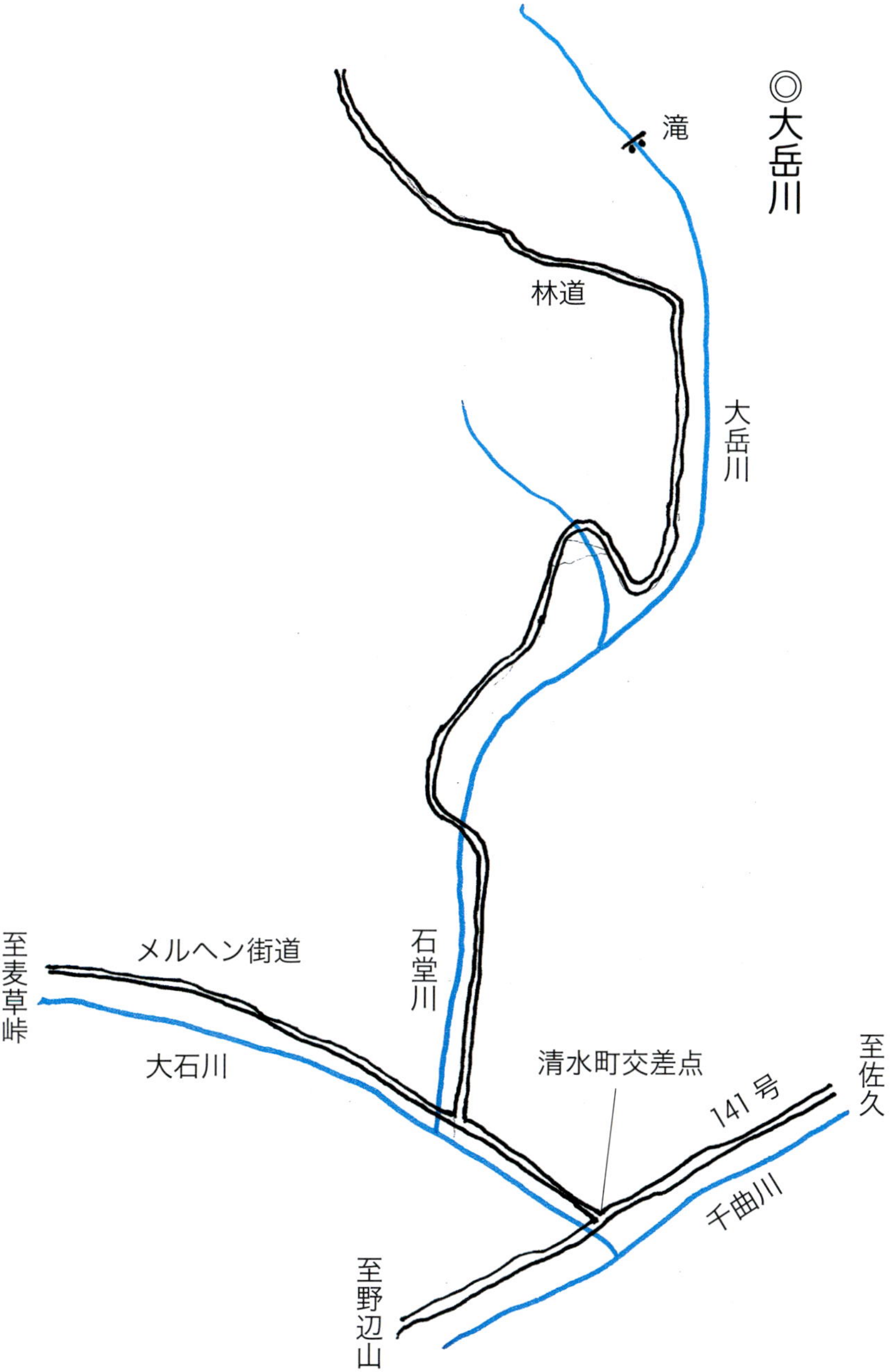

◎大岳川
滝
林道
大岳川
石堂川
メルヘン街道
至麦草峠
大石川
清水町交差点
141号
至佐久
千曲川
至野辺山

があった。

沢の滝上で夕立に遭って沢の水が濁り、杣道を探しに山に入ると、熊笹が人の背丈より長くて右も左も分からない。大木に登ってみたが、杣道はやはり見つからない。仕方なく下《もと》に戻り、濁った沢を時間かけて下ったことを覚えている。今まで釣りをした沢のなかで、型にしろ数にしろ最高の釣果だった。腹を裂くと、どの魚からもトンボが3、4匹出てきたのを覚えている。

## （4）岐阜県　馬瀬川

中央道中津川インター出る―257号を北上する―舞台峠を通って41号線に合流、下呂温泉へ北上―花池南を右折して再び257号に入る―左に黒石児童館集会所が見えたら橋を渡って1本目の道を右折―上流へ登ると黒石の集落

・支流　黒石谷

馬瀬川本流は鮎釣りの本場で、川水の透明度は抜群である。この馬瀬川上流は漁協による鮎の放流が多く、約40年前、鮎釣りでこの川の共益橋たもとの鈴屋旅館に世話になった。今は旅館を縮小し、馬瀬川漁協の近くでオートキャンプ場を経営されている。

ここより上流15分ぐらいの黒石谷はヤマメとイワナの混生の沢で、小沢だが、魚影は濃い。下流部に小さい牧場があり、友人と2人で釣りの途中、友人があわてているので聞くと、牧場の柵の中に入って先に行こうと思ったら、牛

に追いかけられたといっていた。ある時は、この沢で釣りに入ろうとしていると、声をかけられた。若い2人連れ。話すと、私の地元、東京八王子の焼き鳥屋でいつも一緒に酒を飲むお客だった。ここが雑誌に掲載されていたと話していた。

この沢はヤブ沢で、堰堤上で2本に別れ、両沢とも魚群が濃い。左の沢の上流には再び牧場があり、少々登れば魚は濃いが、両沢とも登るほどに水量が少なくなり、ヤブ沢で終わる。

この沢の下流部左岸で釣りをしていた時のこと。何か大きな音がしたと思った。近所の人が数人外に出て集まってきた。見ると、落差のある上の田んぼから崩落があったようだ。すぐに沢水に濁りが入ってしまった。

・支流　弓掛川《ゆかけがわ》

馬瀬村役場から馬瀬川にかかる中央橋を渡って左折、岩屋ダムに向かう。その上流に流れ出る川が弓掛川。大物のアマゴが釣れるので有名。

下流部は水量も多く、テンカラやルアー釣りに適した釣り場である。上流右

## ◎馬瀬川支流　黒石谷

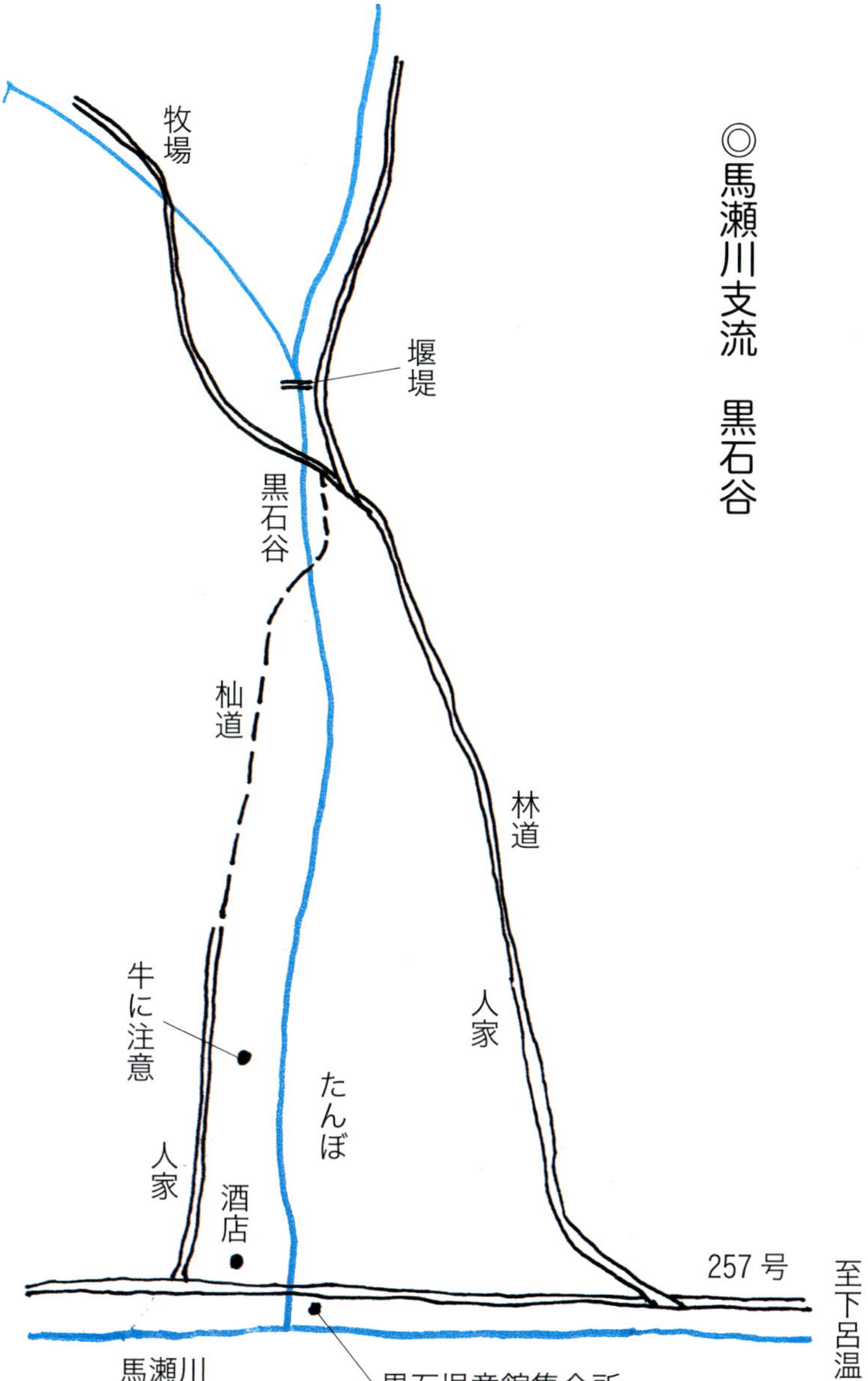

に小谷洞川《こやどうがわ》、左に道谷川《どうやがわ》がある。この川沿いの林道から小川峠を越えると、長良川へ流れ出す吉田川へ抜ける。中流部の日出雲川《ひでくもがわ》の魚影も濃い。

上流部は森林組合による入渓許可が必要のようだ。また、中流部は大物狙いのルアー釣りには最高だ。下流は岩屋ダムに流れ込んでいる。ダム上は馬瀬川上流漁協。ダム下は馬瀬川下流漁協と別になっている。上流部も下流部も鮎釣り場になるが、どちらともアマゴ・イワナの大物が狙える場所だ。

・支流　小原川《おっぱらかわ》

馬瀬川上流を清見村へ向かう。中島橋で右折すれば、いまは廃村になった小原集落の中を小原川が流れている。この沢の上流部は明るく開放的で釣りやすい。下流部は平坦なところを流れていて、幅も広く変化もそれほどないが、さほど釣りやすくはない。

ある時、釣りを終え、車に戻る途中、マムシを2匹取ったこともある。そばに林道があるので、川へ入るのは比較的楽。

## ◎馬瀬川支流　弓掛川

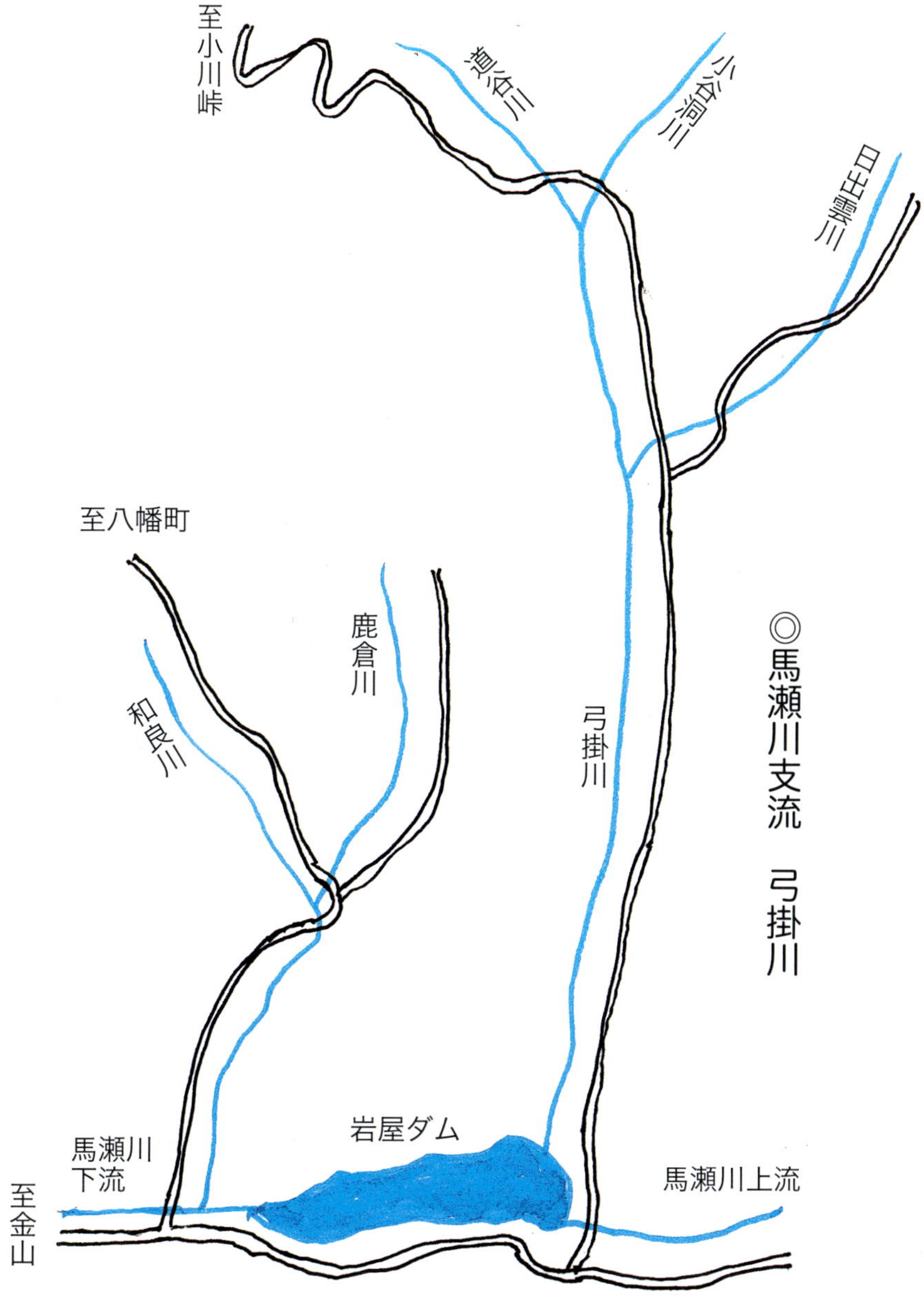

◎馬瀬川支流　小原川

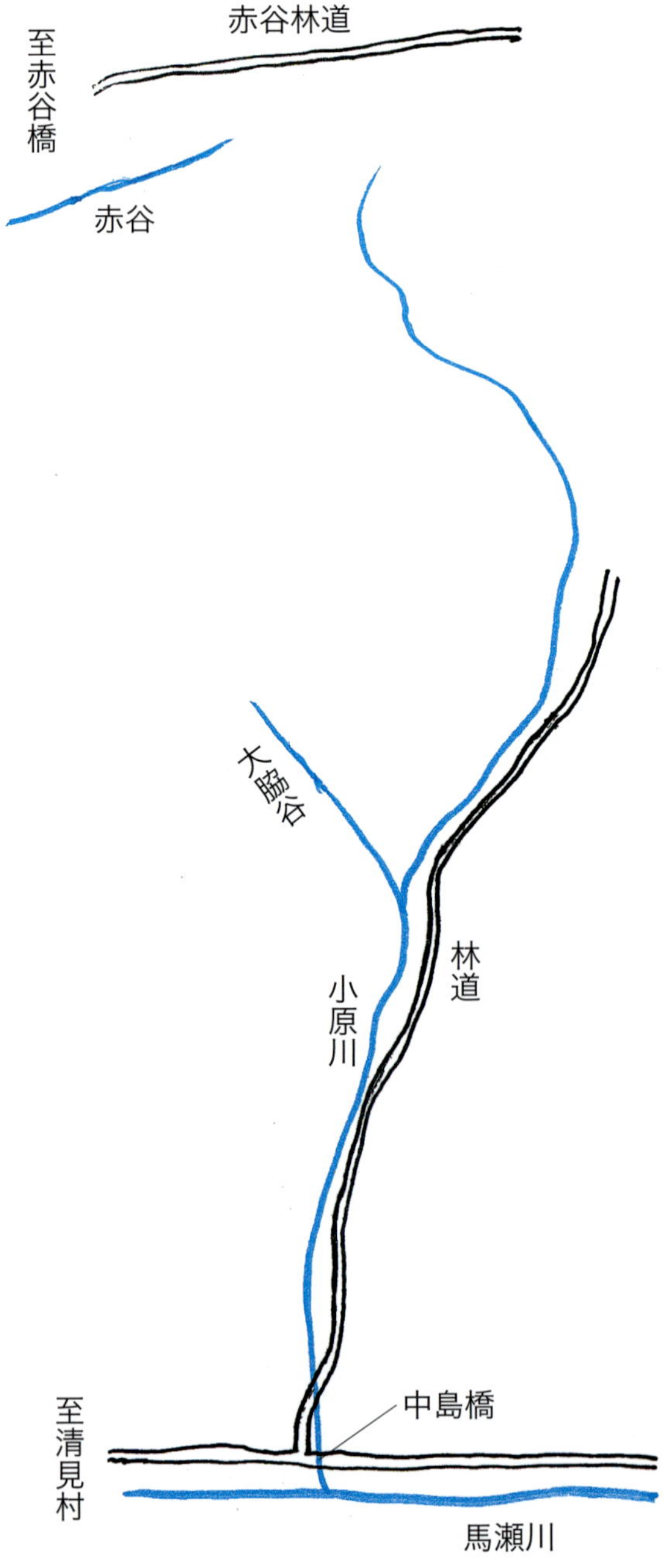

## （5）新潟県　笠堀湖上流　笠堀川と大川

上越新幹線燕三条駅より289号を東進―五十嵐川沿いをひた走る―上流の笹掘を左に曲がると笠堀湖―そこに流れ込むのが笹堀川―上流に大川との合流点あり

笠堀川では湖めぐりの遊覧船をチャーターし、湖のバックウォーターまで送ってもらった。その先、左岸より砥沢川《とさわがわ》が流れ込む。これより鎖場などを通り、2時間ほど歩くと笠堀川と大川の合流点。両沢とも水量は多い。

いつかの釣行について記す。昼ごろテント場に到着。テントを張り、試し釣りへ。笠堀川に2人、大川に2人。釣れないが、夕方テント場で1杯。飲んで寝るが、すぐ起こされた。大雨でテント場まで水が来た。そばに大岩があり、大岩の上に釣り具の他持ち物を移動し、食料を持って山の中段に上がる。一晩中、寝ることができなかった。

このあたりは岩山で木も少ない。雨が降ると山全体が滝のようになる。朝、全員の釣り道具が流されて、遊ぶ道具が何もない。帰りの船はチャーターしてあるが、3日後でないと迎えにこない。仕方がないので湖の周りを歩き、滝のように水の流れる場所を通りながら帰ることになった。

大川の上流は釣り人が少ないため、魚が人間の怖さを知らない。一度釣ろうとした魚がまた見える。小さい小石の横につく。またそこへ流すと餌を食いやすい。

両方とも一枚岩の続く沢で、沢沿いに釣行していくのは難しい。大きな淵は泳がねばならない。ここで45センチのイワナを釣ったが、数の釣れる沢ではないようだ。ダムには双眼鏡があり、山を眺めるとカモシカが見えたりする。岩場が多い。

# ◎笠堀湖上流　笠堀川と大川

## (6) 新潟県　早出川支流　仙見川

阿賀野川の馬下橋より290号線を栃尾方面―新町左折―仙見川沿いに夏針・桑沢を林道終点まで―徒歩2時間で中又沢と赤倉沢の合流地点―中又は途中から静又と分岐

イワナが釣れる。断崖絶壁で上流まではいけない。赤倉沢を釣り上がると、川の真ん中に象鼻がある（象の鼻に似ている岩）。この沢は山ヒルが多い。

# ◎早出川支流　仙見川

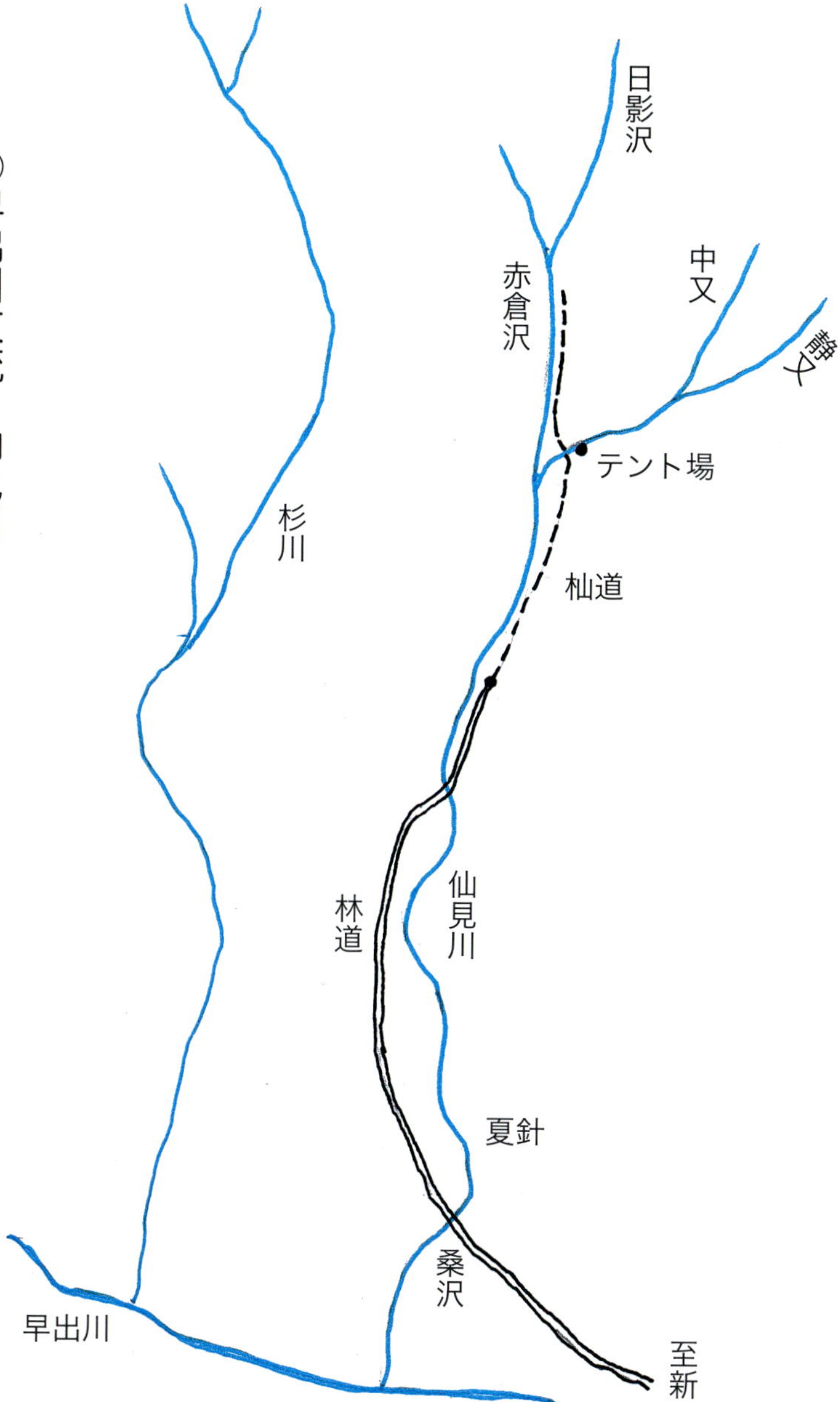

新潟県仙見川にて。釣り仲間とテントを張る

仙見川にて

秋田県田苗代湿原下流にて

秋田県湯の沢温泉湯元和みの湯にて

# 釣り日誌・思い出

## (1) 秋田の釣りと山菜　白神山地

私の菩提寺の竹藪の管理人や竹藪の親方達6名で秋田に出発。私と他1名は釣りが目的だが、他の4名は山菜取り。親方は秋田へは8回目という。私は2回目。

以前釣りに来たところへ行くが、8月の台風で被害が多く通行止め。地元の知り合いの方の案内で沢に入る。2年前に来たところに入り、いくつか釣る。沢に入ると、車で上流へ行って待っていてくれるという。こんな大名のような釣りをさせていただいた。

別の沢に移って釣る。尺物含め、25匹の釣果。大物は友人が釣った。私は40センチオーバーを2回釣り損なった。今でも目に映る。

藤里町湯の沢温泉湯元の和みの湯の宿に魚を持ち込み、外で焼く。親方は串作り。刃物が切れないと大騒ぎ。何とか串が揃い、焼き上がった魚の美味いこと。私たち6名、宿の市川さん夫婦、宿の客2名、全員で平らげた。

山菜はわらび他、いろいろ採った。何しろ広くて、沢山があって、採りきれない。3時頃から5時までの2時間で、1人でダンボール2箱分も採っていた。行きも帰りも十時間ほどかかる自然の多いところだが、何度でも行きたくなる。今でも釣り損ねた大イワナが目に浮かぶ。

宿の市川さんは竹藪の親方の友人で、以前八王子で働いていた。今でも市川さんを訪ねてご馳走をいただき、釣りと山菜採りの案内をしていただいている。

## (2) 雪渓　新潟県仙見川

雪渓の残っているところは悪場が多い。山の斜面は急で岩場のため、木も少ない。雪が降ると雪崩になり、下に落ちる。そんなところは上流に行きづらいが、雪渓の残っているうちはその上を歩いてしまえば、上流への釣行は楽だといわれる。雪渓の横岩の岸には大きな雪解けの穴が空いていて、落ちたら一巻の終わり。

6月の渓流。まだ雪渓の残る川で釣りをしながら歩く。雪渓は硬く、裾の方は凍っているが、上を歩いて落ちたらと思うと心細い。雪渓の下の流れ出しは、大きな洞窟の入り口のようで暗い。小さい雪渓で上流に明るく日の見えるところがある。その中を進んで上流へ。最初は大穴だが、先に行くにしたがって低くなる。

上流側へ出る時は、雪渓と水面の間は15センチくらい。顔を横にして、息をしながら上に出るが、やはり渓流釣りは、雪が解けて、山が緑となり、虫が飛び交う季節がよいと思う。その時節になると、餌をたっぷり食べて太った魚が出てくる。楽しい釣りができるわけだ。

8月1日になると、目白アブが一斉に出るという。このあたりのアブは暦を知っていると、民宿の旦那はいっていた。この沢で友人が山ヒルに食われて、大騒ぎしたことがある。

## （3）カモシカとの出会い　長野県大岳川

盛夏。友人と2人で千曲川に鮎釣りに出かける。更埴市坂城町ねずみ橋近くで川漁師をしている友人の小屋に着くと、前日の夕立で水量が増えて、水は濁り、鮎釣りは無理のようだ。私の車には渓流釣りの道具が入っているので、鮎釣りをあきらめる。

帰り道、大石川支流大岳川に向かう。しばらく釣り上がり、滝を登って上流へ。夢中で釣りをしていると、沢横のヤブの中で黒い物が動く。一瞬ひやり。熊かと思い、竿を出したまま不動。すると、竿先5、6メートルのところを横切ったのはカモシカだ。対岸の平場で食事を始める。静かにしていた私たちに気付き、じっと私たちをにらんでいたが、やがてやぶの中に去っていった。

## (4) 山形の釣り 綱木川と烏川《からすがわ》

釣り仲間3人で釣行。初めての川。車で走っていると、下流で枝沢に分かれているように見える。地図を見ると、その上でまた二つに分かれている。私は下流の左の方に入ろうと、一番先に車から降りる。2人は上の2本の沢。川を下り始めるが、どこまで行っても枝沢はない。慌てる乞食はもらいが少ないのだ。

これではだめだと戻り始めたが、まるで追いつかない。やっと見つけたのは、お昼を食べたおむすびのカラ。また本気で追いかけるが、全然追いつかない。ようやく先に見えた。追いついたが、その時はヤブがひどく、釣りにはならないような場所。

釣りを終えてホテルに到着。風呂に入って夕食を食べようとすると、支配人がやってきて部屋を替えてほしいという。別の部屋へ案内してくれて、すごいご馳走を出してくれた。観光業の方がお客さんを連れてくるために、下見をかねて釣りにきたらしい。

そのホテルの前に小川がある。ホテルは昔から鮭を獲る権利を持っているとのこと。川の岸から岸へ、水面上2、3メートルくらいのところに番線を張り、その番線に糸を付けて、その先にハナカンを付けた鮭を泳がせておく。夜、そこに近寄ってきた鮭を投網で獲ると聞いて、いろいろな漁法があるものと感心した。

翌日、綱木という沢に入る。魚は濃い。当時はテンカラ専門で釣っていたが、ヤブ沢だったから、今のようにテン釣りにしていれば大釣りが期待できただろう。この綱木川と支流の烏川は漁影が濃く、その後、釣りに行った友人は楽しい釣りになったと話していた。

### (5) 北海道の渓流

八王子の釣り仲間の実家へ。女満別空港より車で15分ぐらいのところにあり、世話になる。翌日、オショロコマ釣りに向かう途中、釣り場近くの舗装道路に子ぎつねが2頭、毛づくろいをしている。1頭の子ぎつねは移動したが、

1頭は道に座ったまま車を見上げている。横に見ながら進む。

平坦なところを流れる川へ到着。毛バリで釣るが反応はない。友人は餌釣り。3メートルほどの竿で手返えしよく釣り竿頭。小型で数は多いが、痩せた魚だった。

翌日はサクラマス釣り。自宅の近くの川。何の変化もない。深さは4、50センチ、川幅いっぱいに流れる。川の中を歩き、両岸の草のかぶったところへ、上流より流し込む。アタリはあるが、釣れない。友人は後ろから来て釣っている。聞くと、アタリがあったら、送りこんでから釣れといわれた。北海道のサクラマスもオショロコマも、のんびりしているようだ。北海道の釣りはこの時が初めて。付近ではヒグマの被害はないといわれていたが、人家と離れた川だったので少々不安な釣りだった。

## (6) 福生の釣師　山梨県後山川支流塩沢

塩沢に釣行。しばらく魚は釣れない。すると足跡が！　竿をたたんで歩く。

足跡はだんだん濃くなり、先に釣っている人影が。挨拶をして、一緒に釣らせていただけますかと聞くと、気持ちよくどうぞと。しばらく釣って一休み。いろいろ話しているうちに、友達が八王子にいるという。聞くと、私の知っている人だった。その人は突然、八王子の山本さんですか？　と尋ねてきた。先に釣り上がってください、あなたの釣りが見たい、といわれた。釣りキチの私の名前を知っている人がいようとは。こんな時は、条件のためか、緊張のためか、釣果は少ないものである。

# むだのない釣り

蔦木君之

自分は、山本さんとは36年前に知り合いました。

そのころ、渓流釣りしかしなかった私に、山本さんから声がかかり、ぜひ連れてってくれといわれました。多い時には月の3分の1は釣りでした。

最初は数匹しか釣れなかったのが、2、3か月したころからみるみるうちに上達して、山本さんは数時間でビクいっぱいに釣るようになりました。

本当に研究熱心な山本さん。魚のいつく場所、魚の捕食場所、魚へのアプローチ、晴れた日と曇りの日の違い、毛バリの落とす位置、流し方、合わせ方など、どれをとってもむだのない釣りでした。

## ◎著者より一言

著者より12歳年下の蔦木氏に出会い、本格的に渓流釣りにのめりこんだ。その後、いろいろ実践してみて、テン釣りを考案するまでに至った。蔦木氏と出会わなければ、ここまで渓流釣りに夢中にはならなかっただろう。

一方、私は蔦木氏にアユの友釣りを教えた。私なりに指導したが、実力というか、天性というか、獲物に近寄るのが大胆で、捕える際の集中力は非常に高い。

現在、城山天狗会（アユ釣りの会、会員18名）の副会長として、会員への仕掛けや釣り方の指導をお願いしている。とにかく釣りに熱心な人である。

著者が蔦木氏を「先生」と呼ぶようになり、地元の釣り好きの間ではすっかり有名人となった。先生、これからもご指導をお願いします。

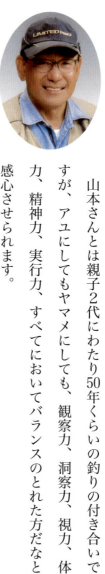

## 山本さんはお師匠さん

田辺　茂

山本さんとは親子2代にわたり50年くらいの釣りの付き合いですが、アユにしてもヤマメにしても、観察力、洞察力、視力、体力、精神力、実行力、すべてにおいてバランスのとれた方だなと感心させられます。

昔は東北、九州へ行ったものだなと思い出しますが、この30年は東京都の水源涵養林である奥多摩主体で釣り歩いていらっしゃいますね。まずその魅力は、おそらく他にはないからでしょうか。近年の川の荒れ方はひどいもので、地方の開発とともに過去にないような豪雨で山は深層崩壊し、出た砂利で川が埋まり、多くの川に穴がなくなり、渓流魚の住み家がなくなっていくなど、悲しい限りですね。

その点、東京都民を守る奥多摩は、雨で少々崩れると奥地でもすぐに東京都の水の管理者が確認して、修復してくれるのがありたがいですね。奥多摩に落ち着いたのも、山本さんの洞察力からでしょう。大切にしたいですね、奥多摩。

　師匠の毛バリ釣りは、基本的に雉の剣バネ専門で、テンカラもずいぶん長いことされていましたが、ハリの動き、ラインの飛ばし方、立ち位置も素晴らしいものがありました。なんといっても足が速い。私は師匠のあとをついてゆくのが精いっぱいでした。その洞察力で、やる気のあるヤマメたち、やる気のないヤマメたちを次々と仕留めてゆくのはまるで魔法のようでしたね。

　あるとき、いつものテンカラ竿から長めの固い渓流竿に替え、短めのナイロンを張ったテン釣りを考案、先には一風変わった毛バリをつけて釣るようになりました。魚籠はすぐにいっぱいになり、リュックにおかわりを何度もするようになったのを覚えています。まるで漁師ですね。漁師といえば、師匠はヤマメが終わると、今度は竿を銃に持ち替えて、狩猟に出かけるのですから、漁師であり、猟師でもありました。

　師匠とは釣りだけでなく、ロータリークラブでもご一緒させていただいておりますが、多くの釣り仲間とともに、全国の川を大切に、綺麗に、一人一人の心がけで後世の釣り師たちに技術と清流を残していきたいものですね。

# 川筋を見つける

吉澤幸司

私は自他ともに認める釣りキチ。中でもアユ釣りが好きで、自分の娘にも「あゆ」と名付けたほどの釣りバカです。

山本さんとの出会いもアユ釣りでした。共通の友人を介して知り合い、あちらこちらで一緒に友釣りをしました。釣り談義が高じると、いつも「毛バリ釣り」の話になりました。

私もエサ釣りでヤマメ・イワナは釣ったことがありましたが、毛バリ釣りは未経験でした。釣りならなんでも！　手ほどきを受け、早速渓流へ……釣果も上々、これは面白いとのめりこみました。山本さんとご一緒したとき、川の流れを読み、毛バリを流す道、川筋を見つける釣りを見て、衝撃を受けました。

山本さんの見る「川筋」を私も見ることができるよう精進を重ね、これからも渓流の毛バリ釣り、アユの友釣りで、山本さんと魚と一緒に遊びたいと思います。

# あとがき

私は若い時よりいろいろな釣りをしてきたが、自然の中でのテン釣りを知ってもらうのがよいと考えた。この釣法は大変面白く、女性や子どもにも気軽にできる。毛バリを巻く楽しさもあれば、平坦な渓流や管理釣り場で自己流の毛バリを用いて釣る面白さもある。

10年ほど前から「釣り日記」を記してきたが、5年ほど前にこの日記をまとめたいと考えた。また、友人や釣りの弟子からも出版してはどうかと勧められた。さらに、知人で釣り好きの望月大介氏から、「このような貴重な釣りの記録と新しい釣り方は本にまとめてはどうか」とアドバイスを受けた。そこで一念発起して、出版する運びとなった。写真家の薄井大還氏の協力もありがたく、皆さんのおかげで完成するに至った。

蔦木君之氏と田辺茂氏と吉澤幸司氏には、釣りの体験を詳細に教えてもらった。また、妻の美千子には下書きの整理やパソコン入力などで手数をかけた。心より感謝している。

平成28年10月吉日

山本　彰

〈著者・山本 彰〉


昭和21年元八王子村に生まれる。元八王子小・中学校卒業。
当時、母の実家の平井川のほとりで川遊びに没頭。
関東高等学校中退。その後、家業の大工見習いに。
19歳で散弾銃購入、20歳で狩猟免許取得。
いまは猪・鹿・鳥撃ちに出猟している。
また当時、好きだったアユ釣りの会を立ち上げる。
43年間続け、いまは18名の会員と友釣りを楽しむ。
釣り好きで、多種類の魚釣りを経験。
渓流・川・海で、釣りを楽しんでいる。
現在、㈱山本工務店の会長として建築業に励む。
◎雄キジの剣バネがご入り用の方は下記連絡先まで。
TEL 090-7835-0513（山本）



**山本流　テン釣りの極意**

——渓流釣りの新しい楽しみ方——

2016年11月20日　初版第1刷発行

著　者　山本　彰

発　行　揺籃社

〒192-0056 東京都八王子市追分町10-4-101　㈱清水工房内

TEL 042-620-2615　URL http://www.simizukobo.com/




ISBN978-4-89708-372-8 C0075